起起伏伏
爱的道路
起起伏伏
人生旅途
起起伏伏
笑中带哭
起起伏伏
不要认输

你要
自省重生
还是
沉沦放生
根本
没人逼你
都是
内心选择

你可以哀怨
但不要抱怨
别声讨他人
不检讨自己

你可以丧气
但不要丧志
继续
才有机会
扬眉吐气

佼佼之道

黄子佼

黄子佼 —— 著

黄子佼说坚持

天 地 出 版 社 | TIANDI PRESS

图书在版编目（CIP）数据

佼佼之道／黄子佼著. —成都：天地出版社，
2017.6（2017年重印）
　ISBN 978-7-5455-2484-0

　Ⅰ．①佼… Ⅱ．①黄… Ⅲ．①黄子佼—自传 Ⅳ.
①K825.78

中国版本图书馆CIP数据核字（2017）第013168号

著作权登记号　图字：21-2016-262

佼佼之道

出 品 人	杨　政
作　　者	黄子佼
责任编辑	陈文龙　沈海霞
图片来源	CFP
封面设计	思想工社
电脑制作	思想工社
责任印制	葛红梅

出版发行　天地出版社
　　　　　（成都市槐树街2号　邮政编码：610014）

网　　址	http://www.tiandiph.com
	http://www.天地出版社.com
电子邮箱	tiandicbs@vip.163.com
经　　销	新华文轩出版传媒股份有限公司

印　　刷	三河市华业印务有限公司
版　　次	2017年6月第1版
印　　次	2017年7月第2次印刷
成品尺寸	145mm×210mm　1/32
印　　张	8
字　　数	140千字
定　　价	36.00元
书　　号	ISBN 978-7-5455-2484-0

很多人问我在娱乐圈如何成功，我都跟新人说一个字："熬"。一锅鸡汤不是将鸡肉、水和调味料放进去，就会自动变成一锅好喝的汤，需要火候与熬煮。不能坚持的人，熬不下去，就放弃了。

只要你充满诚意地全力以赴，全世界都会来帮忙！善尽角色，不要计较一时的得失与回报，不要碰到挫败就灰心，不要漠视每次工作的付出，直到你的敬业被看到，这一定会为你带来好口碑。

我非常信奉"机会，只有一次"
的观念，因为只有这样，才能激励自己
每次都全力以赴，总是战战兢兢，绷紧
神经，因为这次的好，一定会带动未来
某一个机会的到来。

我平时主持很多场记者会，千篇
一律我也会腻，偶尔变化会很有趣，况
且对我而言，我希望业界生态好，所以
更要以身作则，共创双赢局面。

多找几个兴趣，是弥补空虚最好的方式，与其无所事事宅在家里发呆，不如走出去发掘世界，外面之大，超乎你想象！

在每个舞台都用力发光发热，最想要的大舞台，就可能越来越近，总有一天，会等到！但就算等不到，这个过程中的学习及记忆的点滴，也弥足珍贵！

当自己有开阔的心胸，不论工作还是与人相处，主动以诚相待并无愧于心，就能豁然开朗，然后善缘就来了，贵人更会络绎不绝。

人难免主观，从脸书到报纸，从杂志到博客，如果你所吸纳的渠道过于单一，营养成分就不够多，而从你自身所拼凑组合出的见解，不过只是复制了别人的理念，难以客观，也离事实更遥远。

无论做任何事，我都会尽力让大众信服，即使做不到，也因尽力而无愧于心。奋斗的过程中，将敌意转为动力，绝对会有收获，对自己来说，这样就已足够。

主持人，不简单。被冤不算什么，台前幕后有什么差错，成败功过都算在主持人头上。所以，每一次上台、每一次演出，不论舞台大小，都要多点投入，事必躬亲，谨慎以对。

走过谷底，无论哪一个舞台，我学会了好好把握、努力发光。各行各业都一样，高低潮接踵而来，但我告诉自己，每个位置都要做好，因为职业不分贵贱，舞台不分大小。

我最喜欢亦庄亦谐这四个字，也希望每一次的舞台表现都能达到这个标准。因为光是会讲笑话是不够的，要努力在欢笑中带出温暖、感性与理性，把故事讲出神韵，才是完美的。

交朋友要随缘，顺其自然，不强求，相信努力付出一定有人看见，辛勤耕耘，就会拥有好的人脉。

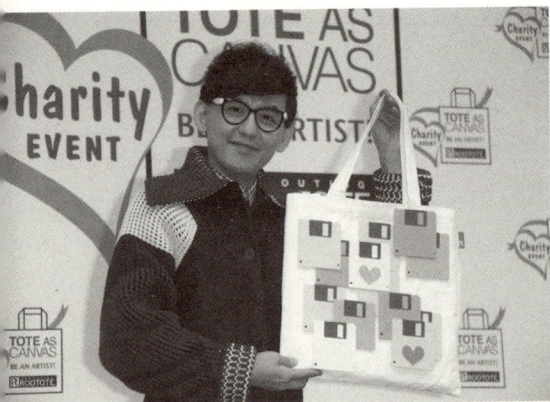

自言
自语

那天午后，

我如往常，

开车进入熟悉的停车场弯道，

转弯时，惊见两位工人在弯道墙面施工，

但眼前，并无任何警示牌。

假设我不细心，

如往常一般，

沿墙面火速驶入弯道，

极有可能擦撞到他们。

然后，

他们一定会怪罪车主：

为什么你没看见我，竟撞上我？

但是，

为什么他们不摆个路障提醒？

让车主在转弯前能预知他们？

是的，

很多遭逢低潮的朋友，都挺哀怨，

甚至觉得：为什么我没被看见？

但反过来，要先问自己，

你做了什么？

你做得够吗？

有没有努力绽放与释放自己，

有没有尽力培养与经营自己，

然后用正确的方法，

试图让他人看见？

你若不想被他人低估与忽视，

就要主动一点，

直到被他人看见为止。

我喜欢激励他人与自己，
胜过于激怒他人与自己。

在网络的时代，
人人有发言权，
却未必会善用。
用错了，
活在笔战与愤怒之中；
用巧了，
活在信息与分享之中；
用对了，
活在快乐与自信之中；
用心了，
活在回馈与贵人之中。

如果不喜欢他人在网络上的偏激，
你也用一样的手段去与他们争辩，
那你不就变成那个你不喜欢的人？
要变就变一个自己欣赏的那种人，
不要变成自己内心讨厌的那模样。

你要自省重生，

还是沉沦放生，

根本没人逼你，

都是内心选择。

起伏（歌词）

小的时候

我们都曾

欺负过

身边的人

然后也曾

被欺负过

无论彼此

关系浅深

一路走来

浮浮沉沉

祈福过

为爱的人

然后也曾

被祈福过

无论结果

是否成真

总是在跌倒了以后

才知道欺负人的错

总是到悲伤的时候

才明白祈福不够用

总是在跌倒了以后

才后悔欺负人的错

总是到悲伤的时候

才发现祈福是强求

起起伏伏　爱的道路

起起伏伏　人生旅途

起起伏伏　笑中带哭

起起伏伏　不要认输

你表现很好

不见得他们不好

你成果很好

不见得永远第一

你现在很好

不见得不被追上

你曾经失落

该珍惜拥有谦虚

你口沫横飞

不代表他不会说

你认真拼命

不代表他不努力

当你有了运气

也搭配了实力

他们

也可能有实力

只是在等运气

你可以记仇转换为动力
但不需复仇非你死我活

你可以哀怨但不要抱怨
别声讨他人不检讨自己

你可以丧气但不要丧志
继续才有机会扬眉吐气

● ● ●

好奇宝宝
孜孜不倦

很多人问我在娱乐圈如何成功，我都跟新人说一个字："熬"。

一锅鸡汤不是将鸡肉、水和调味料放进去，就会自动变成一锅好喝的汤，需要火候与熬煮。不能坚持的人，熬不下去，就放弃了。

要熬多久？每个主厨的答案没有一定，也无法保证熬了之后，鸡汤一定好喝。但我可以告诉你，熬的过程你一定会有收获，譬如那阵阵香气。

记得我还是小学生时，拜托爸爸帮我订民生报，因为我想天天阅览大量的娱乐新闻。对我而言，对某个领域有兴趣，想了解，第一步就是从吸收相关讯息与常识开始，不管何种领域或任何事，其实都一样。

我就像海绵，先吸再说！我总觉得那些信息或知识，总有一天派得上用场。

老实说，十一二岁的我有点明星梦，但也不知怎么开始，更不懂培养闲谈力、软实力，纯粹是对娱乐产业有兴趣而触类旁通，不愿只当单纯的观众或粉丝。借由大量阅读报章文字与进行实践调查（看很多电视、听很多广播），双管齐下相互影响，才够！

于是，从小我就对小燕姐、菲哥、大伟哥等前辈的节目，以及众家明星演艺生涯的起伏了如指掌；幕后的事，我也不放过，台湾综艺之母葛福鸿三个字早已烙印在脑海，也知道王伟忠就是孙小毛的配音演员、倪重华是华视《周末派》节目制作人之一。这些信息，让我小小的内心世界搭起了舞台、点亮了聚光灯。

当然，以上这些，不是什么殿堂级的学问，只是从单纯的喜欢出发，满足自己的好奇心，但这些潜移默化，却在我踏入演艺圈后，如预先铺垫般开始发酵。

譬如，当我终于有机会碰到郭建宏、黄义雄、王钧等影视界幕后老板时，我都可以跟上他们的话题，并分享微小观察与渺小想法（毕竟我年纪太轻、资历太浅了），于是，我会看到他们露出一丝惊讶的神色，仿佛在说："咦，这小屁孩也知道这些啊？他是不是很爱这个产业？"

这些小交流，看似简单，但我深信，在众多新人之间，他们会对我的观感有些许不同，肯定会有种"这小子来真的！不单单只是想当明星出风头！"的印象，甚至愿意多了解我一些，并分派些小任务让我试身手。

此时恍然大悟。原来，以前的自发性投入，默默地，成了未来的准备！

自从发现信息带给我的好处后，我就更加努力，不停吸收各种（自认为）有用或（看似）无用的讯息。

念世新（台湾世新大学）时，觉得自己要有国际观，努力认识台湾以外的广阔世界，还订了《亚洲周刊》，虽然多数议题似懂非懂，却还是硬着头皮继续看，强迫自己阅读。同时，我也订了充满各种文章的《皇冠》杂志，吸收各家文笔精华。后来，台湾第一本时尚杂志国际中文版《ELLE》诞生，我也成为订户，吸收女性时尚魅力，而充满专业访谈文章的《PEOPLE》杂志中文版与电影专业杂志等影响我较深的书刊，更让我捧读后自命不凡又爱不释手。与世界潮流同步，太酷了，拿在手上都走路有风！当然，最重要的是，信息让人增长见闻、提升内化程度，同时也帮我扩充闲谈力的资料库，以及超越同年纪的市场竞争力。

我从小养成阅读习惯，直到现在，还是每天浏览各报，用余光扫描各版图文，就算没时间细读，但几分钟快速翻阅，海内外政治、经济、社会、民生、运动和旅游，大小标题，各方面的动态与趋势，大致也了解了。当我接跨界案，向不同领域的客户提案时，或在本行业，主持各企业的尾牙与记者会时，甚至只是纯粹和各领域长辈聊天时，我不怕词穷而跟不上话题。

想当一个有趣的人，或是有说服力、公信力的人，让所有人，不分职业阶级，都愿意听你说话，闲谈力是不可或缺的！难吗？多方阅读，就得啦！一份报纸，比咖啡便宜多了，而咖啡最后变尿，信息则入脑归档，哪个重要？大家都担心食安，我更担心脑安，焦虑于我的脑袋，每天到底装进了什么！

好奇心让我进阶般地开始起而行，在有限预算里，尽量眼见为凭，探访新奇事物，继续累积脑中的档案。人脑里存入的档案，比电脑里的更重要。

当时尚界人士聊起休闲鞋品牌TOMS时，我已知道它的品牌概念是公益One for One，每卖一双鞋，便捐给贫困地区的孩童一双鞋；当艺文界同好谈到奈良美智时，我可以说出在日本的看展心得，甚至，连他的艺术经纪人小山登美夫开的艺廊，在东京的边陲清澄白河，我也已不辞千里跑了一趟。

在人生不时出现的各种话题与对话中，通过精彩沟通与验证，然后再吸收，滚雪球般，不停增加记忆的容量与品项，向外延伸，扩展视野，无穷无尽。

你的电脑硬盘是几T？够用吗？人脑呢？内存何止几T，是无限大吧？快用有益的信息灌满它！

我有一个新朋友，吃了某家牛肉面后，在脸书上大推，引起我的好奇，我专程跑去尝试，却没有惊艳的感觉；后来这位朋友又推荐一家火锅店，我再去试，也觉得普通。然后我冷静观察他，发现问题出在他的资料库不够大，吃过的美食不够多，从店家到价位，都局限在某个地域与范围，当然没办法精确地找出最佳代表，但他很会推文，所以连我也被误导了。

多吃几家，才是累积资料库与发挥公信力的开始。如同聊音乐，跟只听某种风格的乐迷聊？还是跟包山包海、广纳百川的杂食性乐迷聊？前者对某些艺人如数家珍，深入极了！后者则对整个音乐圈的作品都略有涉猎，广泛极了！你，会选哪一个聊天对象？如同许多人的阅读习惯只专注于八卦或某类新闻，对其他领域的事不太清楚；往来的对象，只是固定的小圈圈，这些都会形成漩涡效应，吸收与互动的话题，仅限类似议题，怎么进步？变井底之蛙？

如果以当代网络来诠释，我会问：你怎么善用脸书？追踪谁？赞了谁？其实，一个指头的动作，已经决定了未来的养分取向！

2013年，我接下人间卫视的艺文访谈节目《创艺多脑河》，酬劳不高，但接触到的来宾大多是艺文、设计、文创界幕后人士，影视圈的反而不多，所以访问时，如履薄冰。当中除了大师级创作人，有很多是不习惯上镜头的素人创作者，甚至没有电视受访经验，因此我采用聊天的方式，让他们卸下心防侃侃而谈，进而让观众了解其创作的历程与作品。

表面上我是来工作，但每次访问结束后，我都元气满满，好像进加油站加满油，做了心灵SPA。从他们身上，我看到了坚持后的喜乐，更接收到追求美、向上力量的无畏信念，是正向能量的氛围！即使前一晚准备功课再累，但通过一小时访谈，磨炼了自己多方面的闲谈力，同时吸收到展演、建筑、文化、传艺等各类巧思，内在收获，匪浅！录完影后，更让我多了再战喧嚣娱乐圈的新动能！

和不同见解与才华的人，即所谓对的人聊天互动，对方的知识与经验都是现成的百科全书，当然，不需带着绝对目的性与吸收标准，谈话也并非马上受用在人生中，部分议题乍听之下，可能与切身无关，但那些言语间的人生观、价值观、奋斗史、成败史，都可以成为一种掌控未来的念力，某天，反馈到自己的职场！所以，多方连结，听听经验，受益良多。

有一次我应邀到某校演讲，同行的有极具知名度的博客名人，结果发现台下同学稀稀落落又趁机睡觉，有这么困？花两个小时听听别人毕生经历的精华，是多棒的事？不必事前准备，不必舟车劳顿，免费听，送上门，是不是很超值？后来，主办方无奈地说，很多人，下课打零工，上课打瞌睡。本末倒置。

年轻的时候，没想过，那些我习以为常的多元涉猎，竟可换取站在跨界主持舞台的机会，跨界参与设计案时，竟能多多少少分析业界生态。如今回想起来，真的很庆幸！

就像有人因为茄子没味道，这辈子就不吃，他们将永远不知道茄子在不同的料理手法下，能有多少风味或养分？我很庆幸自己习惯又喜欢广泛吸收不同领域的常识食材，不知不觉中，累积闲谈力，有些资本，才能畅谈，进而言之有物，取得更多信任与机会，烹调人生自助餐！

前阵子在罗时丰记者会后台，完全没心理预期，我碰到了一位唱片界的大前辈，她的脸，我有些陌生，但她非常亲切地问候我。交换名片后，我才知道对方是早期台湾唱片业大佬之一，新笛唱片老板王蕙莺。

我吓了一跳，她是我初入行加入的开丽公司老板苗秀丽的好友，但当年，我是小屁孩，没有机会交流，而此刻，聊起新笛唱片，我可以尽情地分享记忆，聊起方文琳、于冠华和薛岳等等旗下歌手与作品，她惊讶于我对那个时期唱片史的了解，当然，此刻连查Google的时间都没有，却因儿时对音乐的兴趣投入及勤做功课，包括眼见为凭的概念下，勤买卡带、CD欣赏吸收，让我能侃侃而谈。

问题就是，我当年听的那些与买的那些，等了十多年，才有机会分享心得。所以，先做，不要问何时派上用场，毕竟，谁能预料，在罗时丰记者会后台，会遇到谁？又会有多少空档聊天？

任何时候，不要怕别人笑你不懂，快去搞懂！从兴趣着手，再延伸，大量阅读及亲身参与。一步一个脚印，认真落实，而每次付出，不急计较，期望在未来，慢慢获得丰收！

拒绝灰心
偏执付出

2

常常关注娱乐圈的人，都该对我的绯闻事件略有耳闻。低潮那几年，我不是完全没工作，但即使有，也没人在意。

主持活动或电视节目，效果明明不错，观众或业界也笑得开心，但结束后，没人讨论，媒体或网友也不太报导分享，更不用说称赞，所以，那段时间最灰心的是失去了存在感，我仿佛超市里被主妇们翻来覆去的蔬果，最后都没有被带走。

但是，我有越冷越开花的叛逆个性，越是不被看好，反而让我下定决心，置之死地而求后生，丧气但不放弃，更不生气！面对不同大小规模的工作，必须一贯地努力！

　　例如，我是MOD开台元老，各位看过吗？我在JET台做过节目，有印象吗？但我依然要求自己全力以赴，只是，我也会累，当我检讨自己为什么形象不好，导致各种结果时，也偶尔会赌气与自怨自艾："反正大家不在乎，我干吗这么拼？"或者变本加厉加速沉沦，例如用酒精麻醉等等。必须承认，有段时间较颓废，放纵自己，毕竟，被贴上撕不掉的标签，非常挫败，无力回天。

　　人生不是不能放松，长期紧绷未免也太辛苦，但当我发现自己颓废的时间比例慢慢超过努力时，我突然惊醒，反问自己："你还要这样下去多久？""这就是你想要的人生？""现在这样，会有未来？"自觉与焦虑唤醒了我，于是我醒得很快，火速调整比例回到正轨，并和放肆麻痹随波逐流的另一个自己努力拔河，白天使与黑恶魔不停地抗衡，我想，既然我们可以控制计算机，当然更可以控制自己的脑袋！只要你愿意，更可以随时扫毒与重新启动！

　　俗话说物以类聚，当自己想要沉沦时，接触到的人竟也神奇地带着负面能量而来，或是较不宜长期交流，然而负负不会得正，我看过很多人就这样堕落下去回不了头，这都是我的借鉴，我害怕自己变成那样。越害怕，就越思考，告诉自己快倒车！当积极改变自我的时候，磁场变了，朋友的组合，好像也开始不一样，益友或贵人慢慢变多。

越艰苦的时候，必须更平心静气远离喧嚣，才能倾听内心的真实声音。过去如何，已过去。现在却影响未来，要过何种人生，就在一念之间。到头来，能够拉自己一把的，其实是内心的天使！然后，天使会带来更多天使，内在的魔鬼，请离场，而外界的魔鬼，亦会神奇地远离！

在我乏人问津的2008年，东风电视台的大前辈侯文燕来找我，她制作的金钟奖颁奖典礼想邀我做一段单人脱口秀表演。我那时剃了个小平头，身心状况不太好，我怀疑地反问她："真的要找我？"她的回答更妙："反正到谷底了，也没损失，就试试吧！"

我那时在演艺圈浮载沉、不上不下，她不客气直说，我哑口无言，却也是激将法。试想，制作人怎么可能为我冒险而赌上整场成败？找一个会砸锅的人，这样好吗？我猜想，她一定还是对我有信心的！反而是我，对自己没信心。她说的没错，我到谷底了，做得好，有机会谷底翻身；不做或不好好做，就继续往下坠。

抱着置之死地而后生的心情，我接下了这个烫手的任务，不怨天尤人，反求诸己地规划脚本，将台湾电视综艺史做了一次串联。二十分钟里，唱歌、跳舞、模仿、顺口溜、互动样样来，还一直加码，搞到时间超长，但反应不错，那些日子里，洗澡都在狂背台词。

台下业界入围者，个个当红的高手，肯定也在替我担心吧？如果靠点小聪明敷衍，一样可以过关，但我反问自己，这样做有什么意义？为什么不竭尽所能，将最精华的一次梭哈，秀出筹码赌一把大的！尤其在还有人愿意相信我，并给我大舞台的时候，更该全力以赴，这是证明自己的最佳时机，这样也才对得起给我机会的贵人！

整场脱口秀下来，我有如神助，几乎无忘词，台下也很投入，现场的掌声与画面，我永生难忘！而当天典礼主持人吴宗宪，一边拍着我的肩膀引我入后台，一边偷偷说："干得好，相信我，明天媒体一定好评一片！"事实上，回响确实不错，尤其后来几年，我到大陆演出时，许多后生晚辈，来不及参与《超级星期天》的世代，反而都是因为这一段演出的视频流传，对我崇敬有加。

可是，戏剧化的开低走高并没有发生。业界，的确再次肯定了我的存在，大家看到我坚守岗位，没有脱节，甚至武力全开，功夫还在！于是不吝给我掌声与演出机会；但是观众，对我仍有疑虑，似乎还不到愿意原谅我、接纳我的时机，我再度变成一个被过目即忘的人。这样的结果，让我有些失望，但至少业界重新看到我了，结在身上的冰开始融化，家里电话会响了，通告与邀约回温了，后来还开了《佼

个朋友吧》的节目。谢谢当年金钟奖团队的邀请与帮忙，那
是我演艺生涯中最难忘的一役，也是一个转折点！

从2008年金钟表演后，到现在，越来越多业界业外人士
会在脸书惊讶地留言给我："原来你会主持喔！""原来你
这个也做、那个也做！"

其实，没有人是"突然"会什么的。听到这种对白，真
尴尬，内心涌现怅然若失的感觉。我蓄势待发很久了，这是
一段长时间、有些寂寞的等待。

多年来，在不为众人所知的舞台、领域，我尽力做好每
件事，愿意挑战难度，也跨界吸收养分，默默持续累积能
量，不管掌声多少，不论舞台大小，但求尽力而为。每一次
都秀出全部的我，每一场赌局，手上的筹码都毫无保留地梭
哈，这样的工作态度，是我在人生低潮中学习到的重要一
课。

所以，当长期不小心忽视我的人愿意留言称赞，我很开
心，但也不得不感叹，那都是我用光筹码换来的。

最灰心的时候，有段日子，我成天躲在家郁郁寡欢，拉
上窗帘躺在沙发上什么也不做，只有帮狗清理排泄物的时候
才会起身。当时在台湾没掌声，节目开开停停，因此多了时

间。突然，新加坡、大陆的邀约来了，终于，因为有空闲，可以去开发以前根本没时间经营与触及的市场。而不论离家多远多累，有人给我机会，我就去，也一样尽力地把工作做好。华娱卫视的《全明星歌会》是第一个找我的大陆节目，后来陆续做了安徽卫视的《剧风行动》《天声王牌》、山东卫视的《笑声传中国》、新传媒的《爆笑新人王》《我爱星期天》等，非常感谢。我告诉自己，撑下去，就是你的，虽然当下有九成的人不喜欢我，也有一成的朋友不排斥我，人数虽然少，但不能让他们失望！

如同你问我，粉丝呢？1988年以来，还真有一位李亚兰坚持支持我，但就这一位了！2014年，我终于拿到第一座广播金钟奖，她当时在现场，我带她到后台新闻中心，一起哭抱，一起合照，共享荣耀。

我记得有一场记者会，出乎意料，台下坐着不到十个人，一开场真的很吓人，台上台下都有些尴尬，我告诉自己不能受影响，照样把它当作百人活动，使出浑身解数主持，务求宾主尽欢。毕竟，眼高手低，不可以！大小眼，更不可以！况且，你怎么知道台下的十人中，有没有人在偷偷观察你？有没有未来的贵人坐在那里？

某次演讲之后，台下的银行副总起身发表结语，她突然提到，她先生曾与她聊过我。多年前，我主持一场行李箱发表会，隔天，我从该公司总经理的名片上查到信箱，寄了一封感谢email致意。这件事成为当时他们家中的话题，两人对我这个贴心小操作表示惊喜，因为，人来人往，艺人与客户不像同行会长期交流，当天表现再佳，也只属一次性的洽商合作，后会未必有期，他没想到，我竟会寄那样的信件。

　　是的，如果我当年表现不佳，也许回家后的总经理，会跟老婆分享一连串的怨气；如果我没有珍惜缘分的小动作，总经理也不会对夫人讨论起对我的好感。如果是那样，岂不影响了夫人，即银行副总，而眼前这个演讲工作邀约，搞不好就断送在多年前的那场记者会。凡事、随时、处处，尽心尽力，因为谁会知道昨日遇到的总经理，会是几年后遇到的某人的老公？

　　尽力，在体力、脑力上都是很累的，却是无形的自我提升、累积再扩散的开始。只要你充满诚意地全力以赴，全世界都会来帮忙！善尽角色，不要计较一时的得失与回报，不要碰到挫败就灰心，不要漠视每次工作的付出，直到你的敬业被看到，这一定会为你带来好口碑。

　　反败为胜不可能一蹴可几，每次做足功课就是送给自己的一颗定心丸。如上述的副总，她曾问我："现在回想低潮时已可云淡风轻，但当时呢？也是这样想吗？"我说，一直尽心努力，何时会有回报，我不知，但我知道，一旦无怨无悔地拼命，无愧所有贵人，诚心诚意付出，这样，还没有回报，我不信！

不要得过且过。很多人对我收藏几万张CD觉得不可思议，对我而言，拥有丰富的音乐资料库是我经营电台主持的基础。在电台节目里介绍张学友的《一路上有你》，我知道它是翻唱自日本歌，但台湾唱片公司不会附上日本原曲给DJ，一般主持人，或许一知半解略过，或口头带过，播不播原曲，没有对或不对，制作人、电台老板更不会有意见。可是我一定要追根究底，跨海订购，在那个没有网购、脸书、LINE的时代，自力更生！千辛万苦找到前田亘辉的原曲（泣けない君へのラブソング），他是谁？原来他来自家里已买过的日本乐团TUBE，至此，可整装待发，上节目对比，丰富节目内容！有人觉得我很傻，但这是我的偏执，为了一首歌，再复杂，也要做到最好。代价是长年下来，花很多钱投资在购买很贵的各国CD上，但因为这些硬仗，我换到口碑。同时，对音乐的了解也持续累积，后来办音乐杂志、出书、当乐评写专栏、担任音乐比赛的评审、担纲音乐类活动主持等等，肯定是来自这些小累积的持续加温，一举数得！所以，投资没有回报吗？

　　我在艺术杂志《典藏投资》有固定专栏，我非常珍惜这个发表个人艺术观点的园地。有一次为了写普普艺术教父安迪·沃荷的文章，花了好多时间查证相关资料，还租了他的纪录片来看，花了很大的功夫写完一篇，赚取一字几元的稿费，和演艺圈的酬劳有如天壤之别。但我不是用金钱来衡量这件事，因写稿分享观点，同时脑袋在搜寻资料期间的收获，不能单纯地以金额来看待。

　　我总提醒自己，工作不分场面大小，也不因酬劳多寡，而有不同付出标准，因为自我的收获与成长，无价。通过多年来各类专栏（邀稿的媒体涵盖艺术、设计、潮流、音乐）的这些接触，我多方求证资料，深入吸收更多知识，运用在未来的工作上，并继续形成多元闲谈力，但何时派上用场，天知道！可是一旦谈论到安迪·沃荷时，我将有更多内容可聊，赢得话题主导权与发言口碑，在艺术产业立足，也在跨界时不被看轻，形成良性循环。

　　口碑，像涟漪，当它不断扩散，真的获益良多。所以，一时的得失与付出，别看太重，过程中吸收的知识，反馈后，有其价值。

　　大家形容我是"大器晚成"，或说我"长期被低估"，这些都不要紧，因为尽其在我，已无遗憾，反而更珍惜所有。娱乐产业星海浮沉，1988年至今来看得透彻，无奈归无奈，该过去的，只要身体健健康康，也都会过去，难熬的日子，何不一笑置之？重要的是，全力付出，证明自己，直到被看见。就算没人发现，也对得起每一分每一秒的人生，不是吗？

感谢低潮
把握时光

我的学生生活，一度因家庭变故，起了些心理变化，加上正值叛逆期，开始学坏，但不是耍流氓、混帮派、打架闹事的那块料，而是不务正业不爱念书，一到学校就浑浑噩噩，偶尔逃学、作弊、偷东西的捣蛋鬼。

幸好我迷途知返，但时间多半还是拿去发展兴趣。初中班上有位很爱唱歌的同学叫辛龙（这是他后来进入演艺圈的艺名），我们志趣相投，常常一起唱歌（但那时候还没有KTV）。当年，我还会找曲来填词、在家录唱，于是，我的第一张自制专辑就是初中时完成的，同时收录了我和他的合唱曲。后来自己陆续推出了几张，拷贝后卖给同学，搞得跟真的一样，非常三八。我的另一个重心是剪剪贴贴办手作杂志，并且自己写文章和小说，影印后简单装订，也卖给同学。

我初中生涯的重心完全放在赶紧放学回家录专辑和办杂志的期待上，难怪后来长大，我喜欢听中外独立音乐界的歌、喜欢ZINE手作杂志的质朴巧思，甚至也真的办了两本杂志，还写了无数专栏、歌词、书，赚了一些版税与稿费，看来，这些乐趣与习惯，都是当年早已种下的。

眼看，就要考高中了，我开始有点不安，反问自己："这样混到初三对吗？以后怎么办？"在升学至上的年代，我转念，想用最后一年拼拼看师大附中或成功高中，如果考上了，似乎满有面子的，看到班上好学生念书后的得意神态，那种成就感吸引了我。于是我认真读书，但也必须靠小聪明应付考试，例如化学元素表或大陆铁道表，我至今仍抵死不背，第一，太难；第二，我始终觉得，这辈子应该用不到，为什么要强迫我背？当我需要时，拿书查看不就得了？因材施教，我们该把时间花在刀刃上，不是吗？

发榜了，录取的是华侨高中，也不差，却不是我想要的前三志愿，决定寄托五专榜单，终于，如愿考上世新，然后在教务处人员指引下，我从原本向往的编辑采访科，改填广播电视科，似乎冥冥中注定，走上这一行，而非幕后的笔耕路。

1988年，我十六岁，是世界新闻专科学校（世新大学前身）五专部一年级学生，升二年级的暑假，在重庆南路东方书店打工，负责仓库搬书工作。

我当时从报章上看到（养成看报习惯，保持信息畅通果然很重要），偶像小燕姐正在制作一个选秀节目《青春大对抗》，决定和当时一起打工的同学以兼差（等于是多打一份工）的想法组队报名，将小学主持同乐会的那套模仿、搞笑、唱歌、跳舞混搭升级，搬上更大的舞台。另一个吸引人的地方是，每周过关奖金高达七八千，相当于当时一个月的薪水！

不过对我而言，最大的诱因其实是可以看见小燕姐，以及不时担任评审的伟忠哥等电视圈幕前幕后的精英！

我永远记得在东方书店楼上的小仓库排练的画面，同事中那些哥姐是我的第一批专业观众，虽然名字已不复记忆，但仍依稀记得他们的脸孔，他们从不吝惜给我们掌声与鼓励。记得参赛时，我陆续模仿了孙越、高信谭、高凌风、李恕权和刘文正等大牌，制作单位看了应该有点惊讶，毕竟他们不知道我从小就是专业的电视儿童，除了小学老师已让我在同乐会上表演（形同战场前的练习）很多次，加上火力全开、全力以赴，换来过关斩将与很多奖金。

人是受许多抉择交替影响的，每次选择都会影响未来某次机会，而机会出现的时机无法掌控，但肯定需要紧紧把握。有些人天生幸运，拥有老天爷赋予的各类天分，比别人起步容易，所以机会早在门外等待；另一种人的机会来自后天努力，直到获得贵人青睐提拔。但两者，如不珍惜，即可能昙花一现。一步一个脚印，才能进步与出头！并且，要靠自己追求、创造被看见的机会，偶尔随缘听天命，偶尔也须尽心力。

我常听到其他艺人抱怨："老板都不管我，我想换经纪公司。"其实如果观念不改变，换八家公司也未必有用。若自己不够努力，不愿累积实力等待，只期待别人来帮忙，这样的艺人，谁都没办法帮到大忙。

我办过杂志、出过十几本书、主持过N个节目与活动、参与许多设计艺术专案，难道每个工作都是靠经纪人帮我找来的？说真的，当中一定也有经纪人在背后默默出手使劲的，但整个大中华圈，哪家经纪公司能跨界一手遮天搞定大小事？抱怨只是无谓地浪费时间。在质问对方前，请扪心自问，准备好了吗？真的尽全力了吗？

　　联考是一个转折点，让我走进世新念广电，深入了解我喜爱的娱乐业。而选秀，则是公平、公正、公开地向所有人展示你的天分与努力。例如《青春大对抗》节目，学生都可报名，而我做的是：找到机会、站上舞台、善用天分、奋力准备、征服评审、得到合约。我不是天才，也不是高富帅！但比上台的诚意，我有。

　　家里有四成以上的CD都还没有拆封，因为根本来不及听，后面又有源源不绝的新专辑上市，就算是被临幸了，拆开的专辑也可能只有一次被聆听的机会，除非超喜爱才可能重复收听，否则多数CD真的只有一次机会。

　　很奇怪吗？当年小时候买的卡带，常听到烂，倒背如流！但进产业后，听歌是兴趣也是功课，量更大，需要也更广，所以导致如此：机会，只有一次！

　　各位仔细想想，你我看电影不也是这样？大部分人花钱看电影，只看一次，好评或恶评已定生死，写写感想口碑，就贴出去了。艺人呢？上台亦是如此，非直播的录像节目，出现严重失误或效果不好，还可以剪辑或重录，但一般活动现场呢？直播晚会与典礼呢？小巨蛋演唱会呢？好或不好，瞬间定生死，没有重来的机会。

从以上的体会与验证，我非常信奉"机会，只有一次"的观念，因为只有这样，才能激励自己每次都全力以赴，总是战战兢兢，绷紧神经，因为这次的好，一定会带动未来某一个机会的到来。

舞台的表现，一翻两瞪眼，吸不吸睛、好感与否，以及效果好坏的课题，非常难解，但有人觉得，这次做不好，下次补回来，或安慰自己反正只有一些人看到，怕什么？下次再努力吧！说直白一点，就是把失误责任，推给下一次。

但下一次在哪里？这次没掌握好；可能就没下一次了，哪来的翻盘机会？因此，为什么不在这一次，就做到踏实稳当？

将每次都视为唯一的一次，竭尽所能做到最好，就是把握机会的唯一法门！并不是在恐吓，我也不敢斩钉截铁地说："搞砸了，就毁了未来一生！"但若把握了这次，未来的机会或许会来得更快更多！而这一次没搞定，态度与口碑传出去，或许未来的每一次机会，将来得慢又艰辛。

假设2008年我辜负了侯文燕力排众议，给我机会在金钟奖上的脱口秀表演，我的低潮期，可能不只十年，业者和观众，可能不会重新给我机会。那次，虽无法立即反弹回升，但至少提醒大家，我还坚守岗位，维持质量，热爱产业，打死不退。

虽然没有立即回春，但从那时起，逐渐有了一丝转机，工作开始找上门，而且我什么都愿意接，当作是磨炼，直到走上金曲奖、金马奖，这一路持续下来，慢慢赢回信任。

回忆真可怕，2000年与2001年，连得两座电视金钟奖，但万万没想到，下一次入围与得奖，竟已是十二年后的2013。

这两年，工作忙碌，身边的人问我，不累吗？当然累，但非常充实快乐，再加上曾经历过那段没通告、电话不响的日子，我更要好好回馈那些当时依旧给我机会的贵人，并把握更多表现空间，争取新一代观众的认可。所以我宁可选择战死沙场，也不要在家孤芳自赏，再多工作，我也不怕！只怕表现不够好或恨不够多。

我爱抓住机会，也早已养成习惯用有效率的方式完成工作！曾经乏人问津的日子，我怕了，所以不怕工作多，只担心没把事情做好！数量数字，不是重点，质才是持久的关键。

当我疲累时，就藉多元兴趣作为出口。例如投入艺术圈，就让我缓解压力并找到平衡。譬如摄影，创作时必须保持内心平静；策展，面对各种枝节需要谨慎；布展，齐心协力聚沙成塔；观展，宁静空间，思路无限延伸；写艺术专栏，再次感受作品的感动；收藏，细细品味，慢慢体会；访谈辛苦的艺术家，倍感自己的幸运及幸福……然后，当我回到喧嚣娱乐圈面对收视率挑战时，心境就变得更加平和与平常，不易怒，也更珍惜拥有的一切，以及懂得细节的美好与团队精神。

手脚与心思须一样缜密，感性的体会才更加真实。艺术原本只是一个小兴趣，最后却变成我的工作及人生新领悟的来源，并带来心灵慰藉、工作机会和新朋友。这无意的跨界，竟跨出这么多收获，是始料未及吗？或是，因为我一样秉持"进入，就好好深入"的人生观，所以换来这颗好果实？

不后悔，不沮丧，不埋怨，不耽溺，我感谢那段低潮期，时间变多，才可以到处看艺术，并寻找出路，所以在那段时间我有了很多新的兴趣或经验：开潮店与餐厅、接触设计、认真写博客的电影短评，历经吸收闲谈、书写释放的过程，直到有所收获。

庆幸低潮期的我没有沉沦太久，也懂得放低身段。开潮牌服饰店时和客人聊天，也自己到日本香港谈案子，或去企业谈赞助与上网用英文订货；在餐厅，我也会接待服务客人，身处不同领域就要从头开始、重新出发。虽然在事业顺遂时，我也曾向出版社提案办杂志，亦开过唱片行，但当年的姿态不一样。

低潮时，我仍愿意做一样的事，不妥协于命运，而姿态要更低。或许人生的低潮就是转机，一帆风顺时，很多事很难体会。多看看人生不同的风景，因为上天关上一扇门，也开了一扇窗，而我自己，更为自己加开了好多扇窗！我喜欢那每扇窗外的领域及养分，加上无论身处何种领域，每次机会都要做到最好的偏执，我亦学习了不能骄傲的人生功课。旅途偶有侥幸，但真的没有快捷方式，所以，回头看看低潮时光，非常值得！

我非常信奉"机会，只有一次"
的观念，因为只有这样，才能激励自
己每次都全力以赴，总是战战兢兢，
绷紧神经，因为这次的好，一定会带
动未来某一个机会的到来。

◇◇◇◇◇◇◇◇◇◇◇◇◇◇◇◇◇◇◇◇

舞台互动
暗潮汹涌

4

　　我的定义中，主持人是舞台上的主人，而非主角，受访的来宾前来做客，才是主角。我的任务是让他们有宾至如归的感觉，也让委托我的业主感到心安与满足，中间还有相关人等：公关公司、电视台、电影公司、经纪人、唱片公司、媒体、贵宾，努力面面俱到、礼数周全，最重要的是要值得信赖、让人放心。

　　台上的状况种种，幕后的攻防也精彩，有时要全力防堵敏感话题被挑起，有时却必须探索艺人的私领域。禁忌需要规避，话题也需打造。当然，也会遇上替对方百般铺垫、帮忙引出话题，但对方仍闷不吭声的难题；也有话多到夸张，或发言枯燥无味的艺人。

对我而言，这些难题与挑战，变数太多，唯有用冷静的脑袋，淡定地处理，才能将脱离轨道的意外状况拉回来。

萧敬腾人生中第一场正式记者会是我主持的。2007年，他在出片前先推出他的书，他的经纪人与我认识，但不知为何，竟大胆将他托付给我。当时他刚爆红，"省话一哥"的名号已很响亮，所以这场记者会来了很多媒体，有如在考主持人执照一般。

我有备而来，准备很多题目，还是不敌萧敬腾的快速通关，一来一往，题目果然很快用光，还好有备题，不然这场记者会也太快结束。隔天这件事还成了一则新闻，提到创纪录般地，在五分钟内问完十五个题目之类的，可见大家有多吃惊！

当年，萧敬腾的回答很简短，我虽准备备胎题库，但答案还是精简，看他无辜的表情，也不好意思逼迫他说话。他的第一个电台通告，也是我的广播节目，当时他经纪人直接坐在旁边，我每问一题，他都要转头看她，然后才像找到答案般简单回复我，让我印象极为深刻。

老实说，他不是第一个如此省话的艺人，二十多年来，我遇到不少，包括许多港星，因为听不太懂我们快速的国语，加上国语也说不好，常常选择寡言应对，导致访问起来束手束脚，也容易冷场或流于主持人自high的局面。

早年，对这样的艺人，我有点头疼，毕竟我们使尽全力推波助澜，却有种贴冷屁股的感觉，当然心里不是滋味。但现在的我，更懂得将心比心。

如老萧的例子，我能体谅他，因为是新秀，面对我或所有人，都是陌生、紧张、不习惯、没自信与不熟识的心理反应，所以无法放松发挥。后来有一次聚餐吃饭，也都是我和经纪人在聊天。但现在他已改变许多，我们因为常同台，也会在微博或用通讯软件互动，加上已经养成彼此的信任和默契，我们上台后反而会一发不可收！

例如某人寿公司的活动，原本时间已延误，但压轴的他上场后，气氛极佳！我们的互动访谈也欲罢不能，虽然观众一定被延误了私人行程数十分钟，但我相信最后绝对是心满意足地离场。果然，后来公关公司告诉我，当天活动后，他们用APP做表演内容满意度民调，我和老萧都是高分！真谢谢他。

买东西时，任谁都喜欢物超所值，最好买一送一。如果将这种概念延伸到自己的价值，在雇主眼里，你我是否也该让他们有如此的超值感呢？这一晚，我和他，应该很超值。

不过，再熟也会有瓶颈！我曾一个月内主持萧敬腾的三场各类活动，每一场要有不同的哏，更不能问同样的问题，我就得从脑中的资料库或报章杂志里找出更多关于他的议题，再从平日累积的信息中找线索，绞尽脑汁，才能引导出更多的话题。

为什么不能问他一样的题目？不同厂商办的活动，台上虽都是老萧，台下却有不同贵宾或媒体，他们又没听过！但我过不了自己这一关，一来也想让受访者有新鲜感；二来他的粉丝，肯定场场活动全场追看，我不能让那些观众觉得话术重复性高，这是自我的要求，包括许多发片歌手，我也可能在短期内，与他们密集见面，我都必须努力同中求异！

我曾在几天内遇到马来西亚歌手黄明志两次，他是一位很有才华的艺人，在了解他的背景后，第一次，我将重点放在他的飙高音，并聊到他在专辑中多变的语言，如用韩语、粤语及泰语演唱。第二次则锁定他为人写歌的故事，以及他找黄小琥演戏的过程。

我不敢保证所有人都看我的每一个节目，所以照理，我可以问一样的问题，但对方的粉丝一定会看遍他所上的节目。如果粉丝发现我的访问，在A节目和B节目都一样，他的粉丝还是他的粉丝，还是会支持偶像，但铁定会对我失望，最糟的情况，就是从无感变成负评。反之，如果我让来宾的粉丝觉得主持得不错，甚至爱屋及乌，就是收获！

问问题之前，要先有充分的认识，才能游刃有余地运用信息，分配话题，为下一题铺路。但面对话少的来宾，多准备几个题目是必须的。此外，对症下药，找出对方感兴趣的话题来引导与续航发挥，效果也能立现！

蔡依林也是话少的艺人，但不是绝对的！2014年，《PLAY》专辑试听会，在听歌前，我和她角色互换，我扮她，她则一身西装扮主持人访我，老实说，当时身为受访者的我，说的话还是比她多！但等到场景一转，她坐下来，开始与粉丝畅谈专辑歌曲概念时，竟马上眼睛一亮、侃侃而谈，简直变了个人，让我刮目相看！

其实蔡依林这案例挺有趣的，话说发行《PLAY》专辑前夕，有试听会等三场造势活动，都已敲定了我的主持工作，而天后驾到，唱片公司每场活动都花费很多心思制造不同效果与场面，让我比较好操作。

等到MV首播日，我俩变身主播，效果与笑果兼具！随后唱片公司进行宣传，他们语气谨慎、小心翼翼地告诉我，在试听会活动中，希望玩角色互换加Cosplay，制造新闻画面与话题。毕竟，再大牌的艺人，一连办好几场活动，媒体版面一样会略为缩水，这是很公平的。唱片公司或许担心我不会首肯，因为我已不太反串女生了，没想到我立马答应。

如果是别人要求我反串，我会有点犹豫，但看到蔡依林一路以来的努力与付出，值得破例惺惺相惜，而且我看过《PLAY》中《我呸》的MV，文青角色很有型，加上造型服还在，我也穿得下。于是当天，粉丝与记者都很惊喜，隔天，也连手抢攻了媒体版面，不负唱片公司所望。

我平时主持很多场记者会，千篇一律我也会腻，偶尔变化会很有趣，况且对我而言，我希望业界生态好，所以更要以身作则，共创双赢局面。

在《全球中文音乐榜上榜》里，我多次访问毕书尽。他来自韩国，汉语绝对不算流利，但他却相当配合，让我主持起来很顺手，但偶像包袱呢？

某次录像，在开场时，我们从轻松的话题聊起，例如歌迷怎么称呼他。后来，继续录一个单元，谈到感情。我以为，偶像只会轻轻带过，或如很多艺人，顾左右而言他，甚至故弄玄虚，没想到他劈哩啪啦说了一大段，主动提到一位前女友。后来她劈腿，对象还是他的男性朋友，结果他很难过，最后结局，则是生离死别的悲剧，所以制作单位剪掉了。

但当时，我非常佩服他，毕竟时代不一样了，过去巨星要神秘，现在要亲民！谁没谈过恋爱？而且是过去式，是回忆也是借鉴，提一下无妨，何必有包袱？谢谢你。

我发现，受访者不是全然不愿意分享，而是如果没有太多气氛与安全感，他就会选择沉默。

而综艺咖又会完全不同。例如跟王彩桦聊到东，她会把东西南北的话题全讲一遍，让对话愉悦开心又充满内容。主持人遇到这些咖，是祖上积德。还有一些资深艺人，都会带哏来，我只要点火，他们会自己引爆。例如在《落跑吧，爱情》首映会，蓝心湄提到送面膜与屁股膜给辛苦拍片日晒的舒淇保养；李李仁提到三年前，任贤齐已和他提过这个故事多次；九孔提到票房破纪录，小齐答应包办他的婚礼……都让气氛增色不少，也让主持工作事半功倍。

反之，话少的来宾不只要对症下药，适时地推一下，也可以热场。例如"记者会提早结束，我不好意思领钱！"或是"你说得太少，记者只能写一百字，难交差！"都可营造愉快气氛，让对方安心放下心防，进而侃侃而谈。

2014年《太平轮：乱世浮生》记者会台上大牌云集，一路互动良好，进行得很顺利，就连金城武都附和了我"四十岁有老痰"的玩笑。后来开放提问时，媒体自然问到了他的感情问题，身为主持人的我，事前并没有被告知这场活动需挡下部分提问，所以不太确定该不该护驾，但当下全场已屏息等待，于是我先和台下发问的记者前辈搭腔："果然这问题只有资深记者能问。"这让金城武可以喘息几秒并思考答案，我也借机观察他的眼神是否在求救。但是金城武当天不但正面回答问题，还多说了一些自己的心态与状态，交代很清楚，全场满意，他也得分。

访谈过程中，让彼此处于放松的心情与氛围中，再棘手的难题都可能迎刃而解。所以，每一场主持，自第一秒开始，就要全力经营，让台上台下不要短兵相接，而是行云流水。

信任，是营造轻松氛围的桥梁。林依晨在新婚后有一场手表厂商的记者会暨幸福时光座谈会，大家心里都知道，媒体一定会在婚事过后继续关注孕事问题；厂商方面明白，也认为与其让记者在台下追问，不如在台上大方破题。除此之外，我还想加一些趣味进去，于是就和林依晨在后台先讨论，建议先聊工作时的幸福时光，再慢慢切入其他领域。

我和她一起工作过，即2001年，她出道不久，我们主持了东洋艺能节目。我设想，请她在台上提到这段幸福时光，但接下来我要来个小转折，会兴冲冲地问她：再一起主持新节目吧！然后我建议林依晨，马上果决地说不要，制造反差的节奏感。我和林依晨并不是会相约一起吃饭的那种朋友，但因那次的主持经验，她私下曾认真称我为老师，9月28日还传简讯祝我教师节快乐。

我们在多年同台多次的历程中，彼此早建立了信任感，聪慧的她对我很放心。所以如同上述的建议，我们在台上便上演了我一时兴起，但立刻被拒绝的对话桥段，赢得欢笑声，缓和现场气氛，随后，切入必备的产品信息或其他硬话题时，台下的媒体与观众，即可自在地吸收与融入。

很多受访者可能一生才碰到一次，例如大陆的陈宝国，或三五年才回台湾一次的导演李安，怎么可能像我和林依晨一样，用私交建立台上互信基础呢？面对没有交情的来宾，我会用认真的眼神与笑容让对方卸下心防。尤其很多时候，在后台根本没有时间可以沟通细节，许多访问者，甚至直接台上见，这就只能靠平时建立的口碑来硬拼，当然，也碰到过失败的案例。

一位外国大牌儿来台宣传，我们没有私交。第一场访问在首映会，因为是以粉丝交流为主，所以访谈没有太深入，简单推荐电影后，行礼如仪，气氛热闹，就顺利结束了。

隔天的记者会，电影公司给我访题，但没有特别说明有哪些禁忌。我当时认为，电影内容都已发稿发得差不多了，若再以电影为主题深入访谈，对台下的电影记者们，可能是疲劳轰炸又重复性高，于是我多做了很多功课，将重点先放在艺人的其他方面，想让大家有机会对他多点了解，毕竟亲耳听他述说其经历是难得的机会。

聊着聊着，工作人员开始递纸条上来，要我谈电影，但我的安排是个人分享话题后见缝插针，况且冤有头债有主，我一定会绕回到电影本身，但没多久工作人员又递上了第二张纸条，导致我有点烦躁，心想为何不信任我？两张纸条的出现，艺人与媒体都看在眼里，或许也觉得苗头不对，彼此降温，气氛越来越不好，是一次失败的例子。

失去信赖感后，军心溃散。后来，该艺人再来台湾时，就没有找我主持了。我有点无奈，以合理的对话题材，如艺人的其他方面的经验谈（非八卦），带动电影宣传与个人气势，是常态。但是，我也很好配合，如果电影公司一开始，就告知台上彼此坚持只谈电影，我会照办，毕竟他们是老板，我是受聘来的。偏偏事前没人提点，这代表台上就照我的节奏与判断来进行吧？没想到，我错了。

主持节目或活动记者会前，碰到大陆、香港或是新加坡比较不熟悉的搭档，一定要上网查看他们的资料，包括经历与现况，这是一种礼貌。将心比心，我曾遇过某些新搭档，他们看我的眼神迷茫，显然不知我是什么来头，甚至有狗眼看人低的姿态，让我很受伤。

我另外也会要求主办方提供公司历史、品牌理念和形象，搭配我平日在报章读到的受访对象新闻，或印象中的小故事，进而思考对方可能感兴趣、愿意分享与畅谈的好料，然后拟出访谈问题。

但有些新人的资料真难找，或是部分企业的官网设计不良，脸书粉专少有更新，都让我很困扰；又或是许多内容更改到最后一秒，让我们常在上台前或录像前一晚才收到资料，而如果当时必须早起，我该等到几点？有时想做点功课，还没得做呢！

没法提早做功课也算事小，只要平日在脑中累积足够的经验与相关产业的资讯，依然可以过关。但千奇百怪的事处处有，某次在北京主持一场电影首映会，来宾是导演和两位男主角，由我和另一名女主持人访问，预计进行一个半小时。结果进行不到一半的时间，一位男主角趁着换景空档，表明受访时间结束，直接走人，另一位男主角也不敢留下来做好人，只好一起闪。我和女主持人，就这样继续主持了一个下半场没有主角的首映会，准备的一堆问题完全无用武之地，只能拉着导演闲话家常撑完全场，还不能让台下粉丝觉得有异状，以免众人离席。

两位男主角为何非要离开？我到现在都不知原因，只听说A想走，说服B跟他一起走。于是，在台上，自己要先压下纳闷狐疑甚至微愠的心情，还要在台上拼命挤出问题来和导演互动。但追星的人，其实最无辜，他们知道自己的偶像，是这样折磨主持人与制作单位吗？他的粉丝还是他的粉丝，不会变成我的，而我也不能在台上生气或出卖他，一切，都得咬牙扛下来！先把事情做完再说吧！

　　舞台上，常发生突然要拉长或缩短的状况，家常便饭，就像《我的少女时代》电影首映会，神秘嘉宾本说不上台，但台下好多他的粉丝耶！果然他也顺应要求，决定登台，但什么时候到？随时在变，我在台上硬撑应变。当下，我已说出时间不够，无法让曲家瑞和钟欣凌发言，深感抱歉，但随即接获需再撑三分钟的指令，只好又改口说今天好难得，首映没超时而是过短，又把曲家瑞和钟欣凌拉出来救场，幸好她们口若悬河，顺利撑到嘉宾抵达。

　　主持人，比起演员或唱跳歌手，体力上或许不是最累的，但可能是最伤神伤脑的。脑里的资料库与硬盘，一直存储又一直运转，提供资料，整合更新。所以，有心从事这个行业的，要三思啊！

深耕兴趣
纾压累积

2011年9月8日，艺人黄子佼参观手冢治虫漫画展。看到可爱的铁臂阿童木，黄子佼爱搞怪的本色尽显，对着镜头摆出各种搞怪表情。

　　小时候的我，瘦瘦小小，功课还可以，没什么了不起的专长，但因为舅舅是歌星的缘故，我曾经和80年代当红八点档《星星知我心》剧中的弯弯（胡家玮）合拍过广告，那时我只是站在一旁的小配角。

　　我是名副其实的电视儿童，非常认真地看电视，喜欢卡通，也看儿童节目，还有陪奶奶看黄梅调，综艺节目更看得津津有味，于是开始研究歌星明星的讲话特色、短剧笑点、歌舞姿态，并身体力行在学校的同乐会上实际演练，乐在其中地自编短剧，模仿青蛙王子高凌风、蚱蜢李恕权……同学的掌声和笑声让我越来越有自信，虽然还没有明确的星梦，但我知道自己非常享受过程，得到的满足让我想要做得更好，赢得更多的掌声和笑声。

我必须说，非常幸运地，爱看电视、狂听音乐、喜欢漫画（也画漫画）、视逗乐同学为成就感的种种兴趣，没被小学恩师欧阳季萍归为不长进、玩物丧志那一类，她不但没有贬抑我，还开明地鼓励我多元发展，即使学业成绩不是班上最高分，仍以德智体总平均第一名，得到市长奖，光荣自小学毕业。

当时没有太多电玩或网络游戏，孩子迷漫画，有人专攻日本的《北斗神拳》，有的投入研究香港的《如来神掌》。我呢，有种想要比别人更厉害、与众不同的心态，除了同学间传阅的，我还会去找更多题材、不同风格的漫画，例如哥哥看的《青少棒扬威记》，或我自己喜欢的《怪博士与机器娃娃》《娃娃看天下》《史努比》等等，各国各类题材，我都会尽力找来，还跑去西门町万年百货添购日本昂贵的动漫进口杂志，甚至去买网点纸、针笔自己动手画，画到老师为我空出黑板旁的一片墙面，要我把作品往那里贴，给同学欣赏。

不爱念书，与对错、好坏无关，老师选择因材施教，提供小园地，也代表我将面对两个可能：一，自由发挥出极大火花；二，接受市场考验。

　　我的兴趣，随着墙上漫画的掌声变得稀落，逐渐失去信心，于是转移到文学阅读。除了欧阳老师强迫我们背诵的五本唐诗宋词，她还介绍我看幽默的赵宁、感性的三毛等等，而我又发现他们共同的出版社皇冠，其月刊杂志里每期都有许多中外作家的小说与杂文，如同连锁效应，我一个接一个延伸阅读，挖宝似地，一头栽进阅读里。从琼瑶、倪匡，到日本赤川次郎，皇冠出版的书，让我花光零用钱，大量大量地买，然后又扩展到洪范、九歌、联合文学、时报等出版社，从温暖的爱亚看到张大春，再从艰涩的木心看到村上春树，我就是想超越，想要更多，极想搞懂当时的文学作品。

　　接着我的写作兴趣又跑出来了。有了一些累积之后，我决定自己写小说，甚至剪贴免费的金石堂书店刊物等书报中喜爱的文章，发行我的杂志，卖给同学，平衡影印的成本收支。

　　原来，我一直是一块无敌大海绵，遇到喜欢的事物，就想彻底投入研究，吸收相关知识与养分，心中更会为自己打造出一张蓝图，接着全力打通任督二脉、贯彻始终。

　　例如音乐，小学时我只听金瑞瑶等偶像派歌手，可是我哥在听林慧萍、李恕权、罗大佑和日本的安全地带，所以我会跑去他房间借卡带来听，听完再偷偷放回去。其实没有想太多，就是好奇心作祟！但好奇心一步步、一点点的小累积，却是日后变强大的基础。

某次黄国伦老师和我聊天，他很惊讶，以我的年纪，不但能聊罗大佑，就连60年代，我出生前的披头士也能聊，还能哼他们的歌。其实，如找寻族谱一般，疯狂听音乐吸收的历程，我早已开始：因为A，去听与A有关的B，再从B，延伸到相关的C、D、E，等于祖宗八代通杀的概念。

回头想想，人生不只在满周岁时才抓周，每个阶段都在不停地抓。身边的师长、父母和同侪也不时扮演帮衬的角色，一点一点抽丝剥茧，了解自己、拓展视野、选择方向，透过认识浩瀚深奥的世界，寻求未来人生的可能道路。

海绵吸水，不知道什么时候释放，或是挤一把要放多少水。一旦需要时，点点滴滴才会派上用场。

像我，小学开始便不断地听音乐、了解歌手与音乐人、收集卡带、读报章杂志，追星之外，也对业界好奇，但并非是为了日后写乐评或办音乐杂志赚稿费，更没想到三十年后，能主持金曲奖或当评审！

我也不是电影圈的，但我看电影的量可能超越很多电影圈幕前幕后的工作者。因为非常喜爱，也一样拼命多元涉猎，所以几年前，我开始在博客里写电影短评，但我不是影评人，只是比很多人更爱看电影与记录回忆。（怕重复观

看，所以写短评，日后可以查证。）后来，两岸的电影记者
会、首映礼越接越多，也是种收获与释放！只是这段历程并
非刻意打造，那些电影时光里的自我吸收与记录，更不是精
心计算为了某年某月我会主持金马奖。

　　我常常提醒自己：如果开始喜欢一件事，为什么不好好
研究它，激发好奇心，投资时间、金钱和精力呢？我不敢说
这一定能引领你找到好工作或新工作，或在多久时间后拥有
实质回报，也或许你根本无法靠这些兴趣衣食无忧、大富大
贵，但深耕后的知识与吸收的能量，都是你的，扎扎实实，
不会白费，谁都偷不走。

　　本来就是因为喜欢才好奇，就算没有实际收益，也已保
有精神粮食，心里一定是满足的！更何况，它或许会在意想
不到的时候，让你有机会被看见、被提拔，又或是在空虚低
潮时，带来稳定的舒缓力量。

　　兴趣，别先夹杂绝对的目的性！试想，如果设定的目标
没有达到，有多沮丧？看过一百部电影，所以就该主持金马
奖？这样一来，本属消遣的兴趣，却背负上期望的压力，会
不会太沉重？还能维持原本纯粹的喜悦吗？

　　好友卜学亮来我家，看到满满的卡带CD收藏，他打趣
说："这些钱，够买一间套房了！"的确，出道十六年后，

我买了属于自己的房子，但其实在这之前早已拥有足以塞满一间房的卡带CD黑胶，数以万计。值不值得？见仁见智，但对我而言，音乐本是我的兴趣，购买是收藏癖，以及对音乐的支持。

后来，仿佛是对自我事业的投资，我享受中间的过程并庆幸其演变。当然，买套房投资，可以换钱，买一堆音乐产品，也换来了因累积的信任感与专业度而找上门的音乐类工作赚钱机会，但两者哪个赚得多？我不知道，钱滚钱的事，一向不是我的乐趣。吸收知识，换取头脑的质变与工作机会，对我而言，比较过瘾！

记忆中有一幅画面，是我有一次在日本饭店，觉得房间好热，才发现墙边冷气孔前，堆满了当时购买的数十张CD，高高一大摞挡住了风口。第二天扛到机场，行李超重，还被罚了一万多台币！日本CD平均一张两千五百至三千日币，比台湾贵很多，这一罚，又增加了成本。但当年没有数字音乐，CD也无法网购，看到，就直接搬，很辛苦。这么多年来，我就这样不计代价地丰富我的收藏及听歌体验，虽然没有多一处房产，但我心里很踏实。

很幸运地，一直在摸索与梳理自己的兴趣，而且——和事业接轨，旧兴趣还在，新兴趣也不断增加。但有人没那么幸运，为了养家糊口，正做着不喜欢的工作。

　　我建议下班后，一定不要只求放松而放弃初衷，别浑浑噩噩地过日子，以放弃的态度，靠简单发泄的事物打发下班时间。反而要多做过去曾感兴趣与想深入喜欢的事，忘记白天的不开心、不舒坦和不情愿，拥有属于自我的时光，千万不要虚度！经过持续累积后，也许就能变成达人、专业名嘴或博客名人。也许可以就此辞掉白天的工作？多棒！

　　有人，由于白天的不开心，晚上选择靠酒精麻痹自己。我也有过那段日子，因为真的需要暂时忘掉一切！但一定要找到其中的止损点。我不反对夜店或PUB等夜生活，但我认为有比它们更好的减压方式，甚至带来新的成长与机会！那就是多花点时间感受深耕兴趣所带来的满足，不要预期具体成果，只求用力投入与沉浸其中。

　　其实，就算做了喜欢的工作，也可能遇到不开心的场面。刚出道的几年，我一路被骂过来，大牌制作人在摄影棚里直接开飙、大导播不留情面的批评、大牌前辈不耐烦的眼神，都不太好受。一回家，舒缓工作不愉快的方式，就是唱歌，我自制多张专辑，慢慢填词又斟酌录音。

　　当年，计算机不发达，填词要用手写，家用简单录音器材也没法剪接或修音，一字字地改，一遍遍地唱，我还自己用底片相机拍专辑封面，常常弄到半夜。然而这让我忘记烦忧不快，只感受创作乐趣，然后快速睡下，早上再去世新上课，一点都不累。这是当年我平衡情绪的方式，也因为得到平衡，才能开心地充电，继续工作！

后来我把专辑送给许多同行，例如李宗盛等前辈，可以当作品，拓展舞台。虽然，我骨子里比较想当歌手，但得到的是填词的机会，第一个找我的是邰正宵，要我帮他的新人钟汉良填词，接着滚石唱片、丰华唱片、包小松、陈子鸿等老师与单位，都是我的常客，我那一百多首，于自制专辑里的填词磨炼，就真的变成意外累积的基础了！

有几个与日常工作无直接关系的兴趣很重要，如上述的写歌词抒发情怀，题材多种多样！

举个例子：某日，节目最后一集了，这种不想面对的事就在眼前，你能怎么办？当然是和小燕姐强颜欢笑继续直播。最闷的是，下周起，接替的主持人意气风发地出现在棚内，考察？踩地盘？暖身？节目要停，心情很坏，但录完节目后，我没买醉，而是回家写了一首词。

歌的前奏，我用节目片头的固定OS："小燕有约现场直播！欢迎节目主持人……"，然后进歌，唱我填的词，化悲愤为力量，收录在自制专辑中，好爽。当年媒体也不八卦，那些心声，就随歌声扬起，为自己与身边人受伤的委曲做记录，也给自己找了出口。情绪一旦被其他事物盖过去，伤口就结痂了。

《想开点》（1994年）

话该怎么说，事要怎么做，每个人都有不同要求
向东向西，哪个方向可行，要问天，还是问自己
要放还是收，进和退该怎么掌握，每个人尺度都不同
向南向北，哪个方向才对，是或非，没有绝对

我不在乎并不表示无所谓
只是感叹人言多可畏
复杂的圈子里不需要安慰
只求自己想开点

乏人问津的时间，我几乎从荧幕上销声匿迹，心情苦闷
不必多说，幸好自身兴趣多样又乐观，凡事都会思考一体的
两面。例如，反而有空闲，转换领域，做喜欢的潮牌服饰，
更深入日系潮界核心，支撑走过那段演艺事业的茫然期。

但我自问，热爱演艺圈的心没变过，远胜于做生意，我
也不喜欢被打倒的感觉，一定要继续努力才行。于是一边领
略由兴趣带来的生意甘苦，一边沉潜旁观演艺圈，继续默默

地做功课。如此熬了几年，感谢有人看见！

没有沉沦过久或放下一切的理由，就是靠着多年深耕的各类兴趣！本来属于下班后的兴趣，因为深入过，所以即使突然和演艺本业对调位置，从休闲，变主角，也不怕！每件事，只要你愿意付出，于公于私，都可能在某一瞬间，给你新舞台！

有几个兴趣，而且认真拥抱，多重要！它不见得能让你转换工作，但若有心，不但可以打发时间，还能多条跑道。尤其是年轻朋友，快趁早，找到心之所向，越多越好！如果在高中时就让兴趣扎根，等到大学毕业，便累积至少五到六年的收获，届时朝该目标去面试工作时，发言绝对比别人成熟有见地，当然更有机会被录取。进入有兴趣又已准备多年的产业，开心又有成就感，更上一层楼指日可待！

多找几个兴趣，是弥补空虚最好的方式，与其无所事事宅在家里发呆，不如走出去发掘世界，外面之大，超乎你想象！例如艺廊的展览多是免费参观，艺术的大门就开在那里，随时欢迎莅临，但如果不确定自己喜欢什么，也没人帮得了你。

请一试再试多方涉猎，尝试踏进各种门，说不定在某一次的寻觅探访中，你就找到了！

尽力用脑
不妒不恨

6

我们总是习惯先将问题丢给别人，比较少先反省自己。严以待人、宽以律己是常态。尤其网络文化兴起，随时可批评别人，在弹指之间！言论，不再像过去，只流传在教室、办公室、公园、卧室、客厅或任何聚会场所，而是直接上网，全部见光！除非你把脸书设定为只限本人，只要有一个人看到，那些言论就不是私领域了；只要有人截图或分享，就扩散了，也不可收拾了。

凡事怪罪别人，让自己好过一点，也许是保护自我的天性。但我坚信，这样并不会让自己变得更好。然而面对比自己优秀的对手时，很多人会夹杂着既羡慕又嫉妒的心态，我也不例外。

记得有一段时间，我非常想要进阶，主持大型典礼，尤其那时台湾颁奖典礼的制播权常交到一群优秀的电视前辈手上（如小燕姐、陈镇川），因而跳出框架，更生动好看。当时我刚好跟着他们在同一电视体系工作，非常想站上大舞台，但总事与愿违，典礼主持人不是小燕姐就是陶晶莹。而我，每次都分配到星光大道。

我常私下哀怨："为什么都轮不到我？"然而这个行业妙就妙在你以为准备好了，一旦他人不觉得，你依然没机会！必须所有人认同你了，才是准备好了。羡慕忌妒恨，换来空虚寂寞冷，消耗精气神，何必呢？应该把精力，拿来拼人生。

哀怨归哀怨，我不忌不恨，更不像漫画里，偷偷塞钉子在谁的高跟鞋里。我冷静分析自己没机会的原因，可能因为外型娃娃脸、个子又小，让人觉得年轻不成气候。也可能主持风格太冲，不懂守不懂收，让他们觉得我火候还不足以掌控大场面。

我更反问自己有比她们更好吗？一番检讨后，一转眼，陶子在那几年竟已主持了十多次的三金典礼，我望尘莫及。心里羡慕归羡慕，但试着站在主办单位的立场仔细思考，我了解自己有所不足，还不到让人信任放心，愿将大舞台交付给我的日子。那么，我的结论是：继续磨炼与等待吧！与其埋怨大环境不给你什么，何不先想想，你能给大环境什么？

后来我更深一层去想，主持星光大道也不简单，并非随随便便的人就过得了关，尤其红地毯的流程通常不会按照设定的顺序走，变数大，临场状况甚至比典礼要多很多！车门一开，就是考验主持人脑中资料库的容量及随机存取的应变能力。在那九十分钟到两个小时的红地毯现场直播中，工作量和难度，因无缝接轨non-stop，其辛苦，与典礼主持不分轩轾。

再深入一点想，典礼主持人出现的时段其实不长。尤其这几年，台湾三金，典礼主持人主要是串起每段表演或颁奖，精简扼要介绍或画龙点睛地烘托，在每一段表演中，更有大篇幅喘息重整时间，数小时里，压力可被分散。

星光大道呢？主持人在那两小时中无缝进行，不能有一丁点冷场或出错，错了也没空改正或收惊，更不能喧宾夺主，让观众觉得太吵太干扰。就算自己没有出现在画面中（镜头常常是停留在红毯明星身上），主持人仍继续以旁白介绍他们，不论是作品、近况，还是一同亮相的艺人（常会出现意外的人陪伴，根本不在名单内，甚至不知名，导致幕前幕后都认不出来的急迫窘态）之间的关联性。进广告时，也没法休息与停顿太久，一边补妆，一边仍紧盯红毯嘉宾，嘴巴续念介绍词，上厕所？天方夜谭！身心压力是条延续的长线而非单点，难度高，露面多，犯错概率也极高，得到负评的机会当然不少。

再说准备工作，星光大道要面对的艺人至少四十位起，包括海内外、幕前幕后、新旧艺人，甚至资深前辈。典礼主持人？不一定会全部面对面访问这些人，连得奖者都未必会和主持人互动，但星光大道主持人几乎全包了！事前的准备功课，因参加来宾人数极多而倍增，了解后还要简洁明确地掌握访问节奏。

但是，难归难，大家的目光焦点还是放在典礼主持人身上。我经过多次红地毯的洗礼后，发现不按脚本走的突发状况多如牛毛，快速访谈又要兼顾质量、趣味，一次次地学习，也有了更深一层的体会与磨炼，让我淡定成长，一步步不着急，慢慢应对，一关关过，同时累积别人对我站上典礼大舞台的信心。

很多人因羡慕、嫉妒而生气，翻脸骂人，甚至自我放逐，距离登上大舞台发光发热的那一天，就更遥远了。每个职场都一样，伸手不打笑脸人，但一定会有各种原因，让你哀怨为什么得不到想要的，有可能是别人主观的认定，也可能来自其他台面上下的因素，或根本是自身的实力不足，上不了想要的舞台，也有可能就是运气不好！

不论是哪种情况，我都会说，先在小舞台练功吧！安慰自己吃苦就是吃补。人生，面对很多分叉路，向左转向右转的结果不一样，但绝对都是学习，那些冤枉路或练习后的收获，他人偷不走，当下觉得吃亏，未来可能会感谢。

怕什么？他人要的，我可以！他人不要的，我也来！收获岂不更加倍？若逞一时之快，发泄骂人，换得的，肯定没好脸色。我宁愿思考分析，循着理性判断，走不同的路，摸索对的路。

看到别人的成功，我们很容易跳过成功背后那些看不见的努力付出，先用负面情绪看待，因为每个人都希望成功的是自己。但与其掺杂着嫉妒羡慕去批评质疑，不如认真思考，别人是如何办到的，并回头审视自己，如何才能像他一样成功，分析对方做了什么是自己没做到的，我还有什么可以加强，见贤思齐，将羡慕转化为拼搏的能量。不要总是想："为什么是他啊！？为什么不是我啊！？"这种带着惊叹的质疑与怒吼，好怀有恨意！这都于事无补！应该冷静下来仔细分析："为什么是他呢？为什么不是我呢？"追赶别人的优点，补强自己的弱点，努力突围，直到并驾齐驱，迈向超越！

2012年，我第一次主持（第二十三届）金曲奖，2014年第一次主持（第五十一届）金马奖，好晚好晚，比我晚出道晚成名的陶晶莹、侯佩岑、蔡康永等人都不知道上去几次了。但我庆幸年轻时接下了无数次星光大道这类吃力难讨好的工作，访遍大明星，星光闪耀，接力赛般的交织，很过瘾。

这几年我不主持红地毯了，但2013年的金马五十除外，因为具有特殊意义。当天来了很多跨世代巨星，可能是一辈子再也访问不到的人，是珍贵回忆，也开拓视野格局。我接受制作单位的认真委托，也享受磨炼，更乐在其中。我深信，即使运气不好、大器晚成，也比自我放弃、无力回天来得好！

在每个舞台都用力发光发热，最想要的大舞台，就可能越来越近，总有一天，会等到！但就算等不到，这个过程中的学习及记忆的点滴，也弥足珍贵！

朋友说我想得很多，我总爱分析自己的优点，也思考自己不足的地方，并整理未来的机会在哪里，挑战又是什么。看了卢贝松执导、史嘉蕾乔韩森主演的电影《露西》之后，我感触非常深，它帮我验证了人类大脑确实该好好利用。所以这些年，我总是先思考，取代一时冲动，即使私生活受了气，也一样，先冷静整理，才进行处理。

2015下半年，前后帮陈小春与台中新光三越中港店写歌词，当时正值录像工作极为忙碌的暑期，却一遍一遍耐着性子修改。若是以往的我，因为忙碌焦躁，肯定不愿费时一再修改，甚至可能冲动之下放弃创作而请辞。但现在，我会冷静应对，考虑更多事，平心静气完成。结果，最终版本，自己也很满意。

未开发的脑域很多，想做的事情也非常多，但随年纪渐长，时间与脑力不敷使用。更年轻时，一心三用，边看电视新闻，同时听音乐，还一边写专栏。现在脑力没以前强，写书时，无法听歌；听歌时，无法用脸书，否则会被吸引走。但脑袋倒真的没停过，除非刻意放空，否则一直处于运转状态，不时想着后天录像来宾的阵容、明天电台编排CD、下月专栏文章主题、构思参展创作材料……

时间很公平，显赫权贵与市井小民都是一天二十四小时，而生死面前人人平等，所以，要赢，任何空档都别浪费。甚至，要随时先想到What's Next。虽然有时冲太快未必合时宜，但前卫一点比后知后觉好！更比不知不觉好！

此外，即使是小地方也要思考What's Next。当他人还在讲A，你已联想到B；当他人走出大门，你已经想到他可能绊倒而帮忙开道；当他人开始发言，你猜对方可能喜极而泣，所以贴心地先抓一把面巾纸……这些Next，都会让你成为一个他人眼里优秀、令人安心的高CP值伙伴！

　　时间怎么掌握？娱乐圈，通告之间的等待时间多，很零碎，和大部分的产业不太一样。以前我会大抱怨，又催又赶，搞得人心惶惶，心情不佳。现在我是这样看待，零碎时间，每个人一起消磨等待，很公平，但何不好好利用？用得好，微充电，多看一篇访问报导，就比旁边的人，或过去那个只会生闷气的我进步一些。

　　我相信每个人都有无穷的可能性，但人很奇特，总画错重点。就像买了新计算机或手机，第一件事是兴高采烈地帮计算机或手机灌软件、下载应用程序、登陆、换桌面与铃声，隔天继续花很多时间把玩计算机和手机，贴膜换壳样样不能少，好像在比赛谁用得最厉害，总不断增加内容与软硬件，更不忘更新版本。

　　但大家是否曾以同样的积极性与兴奋感，为自己的脑袋灌点什么？让脑子更灵活好用，比计算机软件或APP更重要吧？给人的脑袋输入新的图片、文字、知识，灌爆脑容量，统整归纳，开辟新的文件夹，不是更好？与其花大把时间为计算机、手机装东西，不如投资肩上这颗和自己至关密切的脑袋，放入更多的档案。人脑，像公交卡，天天刷卡付出，如果不常充值，公交卡余额不足，就会刷不过，怎么办？快点储值！

食品安全问题不断，群众激愤高喊消灭品牌与店家，怕吃坏身体，无可厚非，但人们又总看一些垃圾信息。怪了，怕吃太多问题食品让肚子坏、身子坏，但日以继夜狂看猛看还分享无用信息，却不担心脑子坏？食安与脑安，都重要！

我不是个很爱回顾往事或耽溺后悔的人，逝者已矣，来者可追，现在与未来才是应该好好掌握与铺陈的重点。但我仍不禁想起，在初中发育阶段，把钱都花在买卡带与书本上面，没有好好吃东西，也没有好好运动，结果错过了长高的机会，是代价不小的投资。

然而过去的投资成为了现在的基础（幸好我没有半途而废，弄到两头落空），感谢小黄子佼，循着自己坚持的兴趣，在脑里建了音乐、文学等文件夹，不断增加内容、累积知识与经验；又建了其他文件夹，摄影、潮流时尚、电影、艺术等不同领域的素材，丰富与连贯后来的人生，并应用于工作，频频跨界。

曾跨界主持一些非娱乐产业的记者会，尽管非我最熟悉的领域，但因脑中已有相关文件夹，而它们就像一个个预言般，一有机会就实现其存在的意义。

佼佼
之道

　　新闻中常看到社会上很多人欠缺资源、先天环境受限，或是想活却活不了。而耳聪目明、四肢健全的我们，就更要珍惜，不要找借口，迎向艰难与莫测高深的挑战。虽然很难、很累、压力很大，但尽力去做了，才对得起健康的自己，更对得起公平的每一分每一秒，对得起帮助你、相信你、等待你的亲友，对得起那些未必非要给你，但还是愿意给你机会的人！

　　人生旅途就是马拉松，未抵终点前，请继续奔跑。要惜福，不要贪心，这样会比较快活。以前的我，如果失去工作机会，也会怨天尤人；现在的我，知道那都是过程，心里多少都有收获，如确定自己已尽力了，也就随缘吧。外在成功或内在收获，至少已拥有一种，就好。

时间很公平，显赫权贵与市井小民都是一天二十四小时，而生死面前人人平等，所以，要赢，任何空档都别浪费。

◇◇◇◇◇◇◇◇◇◇◇◇◇◇◇◇◇◇◇◇

2014年3月10日，黄子佼参加名人手绘包义卖展。

2008年1月14日，《快乐星期天》节目录制后台，主持人蔡康永和评审黄子佼在一起交谈。

2014年12月22日，张学友现身新专辑《醒着做梦》记者会，主持人黄子佼与张学友互动。

2015年10月12日，第52届台湾电影金马奖主持人亮相记者会。黄子佼与林志玲挑大梁担任主持人，两人身高上的差距成为瞩目的焦点。

2016年4月21日，黄子佼出席公益摄影展开幕记者会，同时他也是策展人。除了捐出自己的摄影作品提供义卖之外，为了帮助年初发生地震的台南地区，他还号召了55位艺人，共捐出167幅以台北为主题的摄影作品。

2010年8月16日，韩庚上黄子佼的《佼个朋友吧》节目秀厨艺，亲自包小笼包。

越艰苦的时候，必须更平心静气，远离喧嚣，才能倾听内心的真实声音。过去如何，已过去。现在却影响未来，要过何种人生，就在一念之间。到头来，能够拉自己一把的，其实是内心的天使！

◇◇◇◇◇◇◇◇◇◇◇◇◇◇◇◇◇◇◇◇

7

合作无间
创造回忆

以前我是个孤僻的人，非常耐得住寂寞，即使没有掌声、没有朋友热闹环绕，也能享受一个人的独处时光。现在想起来，其实太闷了！

我曾真心以为工作时努力把分内事做好就够了，所以，主持《超级星期天》那七年时间，竟和制作团队不太熟，录像一结束，大家留下来卸妆、聊天、吃宵夜，我则是收好东西就离开。直到很久之后，才和许多同事，因为其他节目的合作而变熟，也才发现懂得珍惜合作伙伴，得到别人的认同与认同别人，说声感谢相互扶持，极可贵。

我改变了很多（虽然录像后偶尔还是

行色匆匆赶场，因为时间太宝贵与体力已崩溃），以前的我认为，做事铁定比做人重要，做事占八成，做人只要两成就够了。慢慢地，我将比例调到五比五，各占一半，甚至有些时候，做事固然重要，但把人做好后，碰到状况不好或大意出错时，做人佳，仍可以cover部分的错误与不顺，因为大家愿意帮你解决窘境，也更体谅你，而非留你单打独斗再落井下石。

工作，多是团队合作的成果。与人为善的态度，懂得珍惜身边人，彼此协调互助，也会迈向更好的成绩，以及预防可能的失误。

我并不是建议大家只要敷衍了事、讨好谄媚，就不用努力。而是要理解，一个人不论多强大、多有才华，还是需要他人配合或辅佐，因为任何工作都很难靠单一个体独立完成。无论是谁，永远都非个体！不要告诉我你宅，别忘记，宅的过程里，有人会帮你修网络，有人会帮你送外卖，有人曾给你点过赞。谁敢说自己真的是绝对遗世独立的个体？

主持人，像主厨，制作单位帮忙备料，找来适当的演出者、整合脚本，邀约音效老师、灯光师、摄影师，一起炒作，才有好结果。食材与手艺越好，可以做出无限组合和搭配，再加以剪接、后期制作，即调味料与摆盘，才能端出一盘又一盘的创意料理。但只要当中一个环节没顾好，例如食材佳，却少了盐，或有了盐，鱼却不新鲜，就是瑕疵，即便是米其林八颗星大厨也黯淡无光！

就算很会做事，但不会做人，别人很可能不愿真心帮你准备食材，因而炒不出一盘地道好菜。懂得做人，才有人缘，才有资源，才有佳肴。物以类聚，你好我好大家好，你易动怒，团队怎能其乐融融？

对我来说，主持节目时，不论是与搭档还是来宾的互动，都要建立"同一条船"的信任关系，如果我往右开，你却往左驶，那还得了？如果我不得人心，我要猪，他们给了我，但却有口蹄疫，这道菜又将会如何？我始终觉得，主持人是绿叶，嘉宾、大牌或素人，才是红花，让他们发光发热，而非我自己秀，才是待客之道。如果整台戏，就我一个人灿烂，真的好吗？

不懂做人，事做满分，别人一样不会信服、鼓励你，搞不好背后还会拆你台，岂不冤枉？将心比心，如果希望别人对你好，把最好的素材留给你，你要不要先对别人好？要不要先表现出善意？你好我好大家好，合理吧？

2014年底，第五十一届金马奖，陈建斌开场决定穿小红短裤扮《军中乐园》的角色，但我想加码，让这段更完整，我大胆提出，邀请阮经天加入开场短剧。他原本就要来颁奖，也有演出《军中乐园》，加上前一年第五十届金马奖提早离席的话题，他的加入很有哏，也可用一个比较戏剧化的方式来解释前一年的失误。然后，由他来宣布今年典礼正式开始，当然，还要消遣他一下。

我相信，前一年阮经天绝对不是硬要离席，或许有难言之隐，或许有人告诉他没关系，有什么误会，不必追究，但他为了这件事，台面上台面下不知道歉解释了多少回，一定也是苦恼万分，承受许多舆论压力。但若在典礼上严正说明似乎又过于刻意，所以我设计，就在短剧中，半真半假，以电影剧情包装，没那么直接，被消遣的他，让大家笑一笑，事情也就过了，正所谓一笑泯恩仇。但如果小天不同意，这该怎么办？光是我露上半身，哏还不够圆满！所以我很忐忑，担心小天不想重提或当众被消遣，当时我和金马执委会说，如果负责敲通告的人觉得为难，我非常愿意亲自到小天的任何工作现场解释说明这段安排的初衷，没想到我不必跑这一趟，小天一口答应，而且愿意按照我的设计走。非常非常谢谢他的信任。

"去年你最早走，今年你最早上台喔？""从哪里跌倒就从哪里爬起来！"阵阵笑声夹杂着掌声袭来，看了这段演出的人，应该会对他多了一点笑容、放下一些批评。谢谢阮经天的大器，更感谢他对我编排上的信任，没有他，这一个开场表演就不圆满了。

以我多年经验，只要合作的嘉宾与受访者，信任我的带领，那无论广播、网络直播节目、记者会、首映、典礼、晚会、尾牙、年会，以及很多严肃的演讲、座谈等等，多半都可以更行云流水，更成功！

我是做口碑的，每次上台，绝对拿出诚意与准备，表面上是互相调侃，但多数是有来由的设计或隐性宣传，当然也有一些临场激荡的火花，但因为信任，就能顺势把火花变爆点！反之，如果不信任，我带你往西，你偏要往东；我们撞出火花，你偏要把他浇熄。惨不忍睹！不论大小舞台或台前台后，各行各业，合作之间，信任是一道很难的习题。

某次主持玄彬的记者会和粉丝见面会，后者全程竟长达三个小时。我过去没空看他演的韩剧，只有耳闻，如何是好？二话不说，花十几个小时看完最红的《秘密花园》，再整理他的演艺历程。

我花了非常多时间准备，很费工，可是如果不做这些功课，不够了解他，只能问表面的问题，而他的访谈回复，我可能也接不上，相信他与粉丝，一定看得出来。被看穿后，他可能也就不会太在意这个异国主持人，开始无感，台上互动也将不再精彩。所以，我力求在聊天过程中，不着痕迹地顺势带到招牌手势或剧中最爱的食物，甚至立刻理解再呼应他的发言，让他知道我不是来应付骗钱的；台下的影迷，也要让他们知道，主持人和他们是同一阵线，很投入，这样整场互动才能水乳相融，共创美好回忆。

事实上，为了一场主持，花十多小时看一部戏，不是挺划得来！毕竟，他不会常来台湾，这一个功课，基本上就是为了这一回，不过累积在脑里的，都是自己的吸收，何乐而不为？此外，留在粉丝脑海里的印象分数，也许亦能发酵。

妙的是，前一天是玄彬粉丝见面会，隔一天就在同一地点，主持《终极一班》粉丝见面会。这个更厉害，二十几集，我也决定全看完，虽然那几天，某几集，我一度一心多用，同时上网、吃东西，但若不瞄完，就不安心。

其实两场大型的体育馆见面会，主办方、粉丝、媒体都没规定主持人要这样做，但我心想，若演员或粉丝们讲了什么戏里重点，但我却没反应，真的很不好意思，赚得也不安心，更不用说取得台上台下的信任，共创圆满。所以，唯有先付出诚意，才有可能取得信任，才有可能共构完美！

粉丝见面会比一般记者会更让我战战兢兢，因为台下的每个粉丝或媒体，都比你更了解来宾，只要有一点松懈，当场就露馅，是没办法投机取巧的事。更何况只有一个人单打独斗时，如不慎影响信任感，且没外援，即可能影响互动，失去热络度。

如果有搭档，信任更重要。舞台上或荧光里，每个从业人员的对手都是观众，我们是命运共同体，是同一条船同一航道的人，彼此要有共识，互相掩护或延伸，互相抢救冷场，再共创高潮，这些是很重要的。但很多人忘记整体性，太想凸显个人，目的性强，导致多头马车，乱无章法，节奏失序，可看性低，一片嘈杂。别说他人，我自己就犯过这样的错，还不止一次！

有段时期的《超级星期天》，观众有发现吗？我的声音还在，但没有画面！我在现场搭腔，但导播就是不拍我，腔搭得很紧密，剪不掉，但导播还是不拍我，他觉得我很吵闹。虽然，可能我的笑点是有效的，但毕竟开船的是小燕姐，副手是哈林，我只是旁边的小助手，抢风头，想表现，虽有哏，但方向错了！我没有跟船长一起航行，而是另辟航道投机取巧。当年，我很难过，过了一段透明人的岁月，虽非直接挨骂，但这是沉默的、更令我难受的惩罚。

当年与菲哥合作《欢乐龙虎榜》，我也深深感到他偶尔的无奈。虽然他很疼我，还给我过生日，但偶尔当我用力过猛，他拉不回来，只能苦笑，我在享受观众笑声的同时，因尊敬他，确实也常不经意发现他的无言以对。久而久之，他也会稍微耳提面命，或重新安排流程与分配工作，当时我似懂非懂，甚至觉得大哥就是难搞，大哥就是喜欢当老大。

还有一次，我害我的好兄弟兼好搭档卜学亮不开心了，差点影响我们多年的情谊，我也引以为鉴。那一天，我如常地和卜学亮搭档主持节目，我制造效果，节奏太快，拼命冲刺，完全没有顾及搭档的表现与感受，他因为一直没有发挥空间，非常不高兴，回到后台，就直接讲开了。当时我有点吓到，因为他一直是好好先生，很少看到他那么不满。我当然不是故意的，但也知道自己冲太快，忘记关照舞台上每个人，我不是称职的主持人与伙伴。

我再次提醒自己，不论自己是主key还是助理，主持人就是要烘托来宾，兼顾搭档，让舞台上的每个人都有机会发挥，除非他自己不掌握！而且一心求快，观众未必来得及反应，反而会吓跑他们，两头落空，得不偿失。

与众人合作、擦出火花，比唱独角戏更难。小时候我凭着伶牙俐齿，喜欢冲冲冲，以为反应快一点、话说得多一点，才叫表现好，所以急着不断插话，烘托存在感，没意识到反而让自己变得很吵，适得其反。

我不断检讨自己问题到底出在哪里，这才领悟到，是节奏！虽然，现场有掌声、有笑声，但太快，镜头未必跟得上，观众在电视机前，感受不到就算了，搞不好感觉到的，是我鸠占鹊巢、频频越位，忘记自己身份位置的不得体。于是我深刻反省，也偷师菲哥的手法，逐渐调整能hold住场面的节奏。

这几年，我也变成哥了，左右也有很多后辈一起搭档主持，这才知道，当年导播或菲哥眼里的我，有多不上道。其实，抢风头是艺人的必备条件，但进退要得宜，也要尊重前辈，不要自以为幽默，更不该为抢露脸而抢！何况一艘船只有一个船长，何必急于表现？先陪老大往前冲，而非一直打断或无端抢话，那是没有好下场的。

这几年的我，带头冲却偶尔身陷类似泥沼，就会想起共事过的前辈们，也许，在观众心中，他们未必是最好笑的，但在我心里，他们领航的节奏感，绝对属于一流。庆幸的是，十多年过去，我搞懂了，也感谢前辈的提点，但这一代的导播不若当年那样霸气权威、不可一世，也不会用闪避镜头来抵制嘈杂的人。

社会上，各角落，一定也有在团队里不愿同行的人吧？或许各位不像我们站在舞台上，一举一动，牵动视线，不能动怒，于是选择老死不相往来或暗潮继续汹涌，毕竟道不同不相为谋，大不了，干脆硬碰硬。但我还是建议，先用诚恳的态度检讨自己，广结善缘！

如果当年，我跑去和导播大吵大闹，如果我对前辈的指示不闻不问，后来的我，会是什么结果？我当然也看过艺人走红后得意忘形，工作人员必须忍耐他难伺候的坏脾气，迟到早退不敬业，骂人讦谯样样来，打压敌人炮火四射。其实，有权时，开口就有音量，更要小心！不要以为麦克风一递上来，就能够目空一切。批评别人，就是得罪别人的开始，暴冲之后，迟早暴跌。

我有一阵子，很怪，处于不想多交朋友的状态，和同业保持距离，更和媒体处于敌对关系，把记者都当成敌人。其实这都是因为自己发展不顺的一种自卑感与保护色，总觉得任何报导都是冲着自己来的，总在心中默念："为什么每次都要写我的坏话？"后来我怎么改变的呢？靠着阅读、自我调适，将心比心，然后综观全局：每个媒体，真的是针对我吗？难道真不曾有过正面报导？只写差的？其实在媒体眼中，每个艺人，好与不好的事都会被报导，不是只攻击我一人。

原来，我犯了眼中只有自己的错，得了被害妄想症，以为全世界与我为敌，于是产生对立，举止怪异，更离人心越来越远。但一切，都是我自己的问题。当我好，他们写了，我会视为理所当然；当我不好，他们也写了，我就视为刻意针对我的打压。其实，当他们每天报导其他艺人的好或坏，我也都看到了，怎么都不在意呢？是的，报纸版面绝不是天天等着夸我骂我，杂志封面不是期期跟踪我，但我放大了我的相关报导，心惶惶，怎么会有好的交流？其实，媒体很公平，好好经营、好好表现，他们不会吝啬掌声，更不会无聊到天天写我坏。

曾几何时，转念，不纠结，放过别人就是放过自己。我心情轻松，日子好过，人缘更好，贵人更多，干吗封闭自己？哪里会处处是敌人？当自己有开阔的心胸，不论工作还是与人相处，主动以诚相待并无愧于心，就能豁然开朗，然后善缘就来了，贵人更会络绎不绝。

近几年，我和不同产业的人士交流频繁，跨界合作，都有新的收获，还可以暂时离开娱乐圈的话题，理解各行业的现况与甘苦。我发现有的艺人陷在同样的小圈圈里，聊着同样的话题，绕着是非八卦，最后自己也惹上尘埃，或是能力没有丝毫提高，这并不是我想要的未来。

不让自己局限在熟悉的产业里，扩展自己的视野，多看多理解，世界何其大，一定要有开阔的心，太多值得开发与认识的事；尤其年轻人更应无所畏惧，放开脚步尽情探索，切忌变成井底之蛙。更棒的是，在跨界合作、交友的过程里，新的工作机会亦随之而来！

经过这些年，懂我、了解我、愿意理解我的人才比较多。其实不是我身旁的人的问题，是我已不像以前那样孤僻成性，我更懂进退，不过度放大自己的好与坏，不放大他人看我的视线，若看到不认同的事，也尽量放在心里自己消化、思考，然后为它解释，不放大挑衅、不制造风波、不人云亦云，事事以和为贵，而众人也慢慢明白我是工作第一、效率优先的人。我不花力气在耍大牌、争排名上，所以，更加顺风顺水。

当然，一定还是有不熟的人被我吓到吧？亲近我的工作伙伴，都知道我在化妆时多半拉着张脸，不是在摆臭脸扮大哥，而是太早起床还没醒，脑中同时在背诵台词，思考上台的哏，为接下来的工作做准备。所以，我真的要向许多人道歉，臭脸的我已经尽力回避人群了，可惜偏偏有些活动需要一早彩排，导致这形象被更多人发现，相信我，这是肌肉不受控，笑不出来啦！

多年来，上台前我会很紧绷、很焦虑，有点严肃无法开怀，尤其怕被打乱思绪。这时最好把我关在小房间，不要靠近我，我要将所有能量用在台上，因为大家相聚，是来工作不是烤肉，唯有舞台上的事顺利进行，才对得起大家，这是我忠于工作的坚持，希望大家体谅我全力准备的臭表情。但是，我也会努力，除了行动上的再接再厉，我那早上僵硬的肌肉，日后一定会更舒缓放松的！

CHAPTER

全情投入
以礼相待

8

我从小弟开始做起，慢慢拥有自己的节目，到成为别人眼中的前辈，一路走来我面对前辈态度必定有礼恭敬。电视圈、电影圈、音乐圈如此，其他行业也该是这样，因为前辈筚路蓝缕的灌溉滋养，我们才有蓬勃的产业环境和丰富的资源，并成就许多经典与传奇，敬重前辈的心，不论是初入行时，或是二十七年后的现在，始终如一。

我在担任选秀节目评审的时候，很怕碰到参赛选手说要演唱萧敬腾的《新不了情》，或是丁当的《我是一只小小鸟》。通常，这样的选手还没开口唱歌就已先被我扣分了。

照理说，参加选秀节目的人，应该对音乐抱有很大热情。《新不了情》的原唱是万芳，《我是一只小小鸟》的原唱则是赵传，一开口就显露出选手对音乐缺乏追本溯源的精神，同时也不够了解自己精挑细选的演唱歌曲。或许我的标准比较严苛，但我心里不禁会开始想："可能他没那么爱音乐，只是想当明星？"站在评审的立场，我对这位选手也就持保留态度了。

不愿花时间对过去史料多做涉猎的人，好可惜。以前信息不发达，网络或电视平台少，能发光出头的条件，门坎更高！例如，当台湾只有三家电视台时，节目非二十四小时播送，有效时段里面，要分配给综艺、戏剧、新闻、体育、社教等类型节目，因此，能开节目的，能上节目的，能制作节目的，绝对是人才挤破头，简直像是会员制的高级俱乐部！然而现在，一百个频道？幕前幕后人才有那么多吗？

过去，想写文章或想出唱片，请投稿或比赛，由编辑台、制作人、评审审议与判断，甚至查证对比，才有机会登报或出版；现在，从博客开始到脸书推特YouTube，审核？免！查证？免！门坎？低！发表？随时！相较之下，过去发表的那些影音或文字，蕴含无数养分，深藏许多宝藏，水平相对不低，值得再三开垦。

　　所以，我乐在吸收，沉浸于喜爱音乐的过程中，我会用链状的概念深入研究。当听到陈淑桦的英文歌《Because I Love You》，我会去找原唱，了解它的版本、由来、不同诠释的演绎风味；在CD购物网刚兴起时，我在美国CDNow买了很多CD，也是以这种研究精神发掘各种作品。喜欢法国电音团体Air，买了之后，会根据该网站的类似风格产品推荐列表，再进一步浏览其他CD并购买，或透过产品介绍，再买下团员各自（或制作人）的作品，才算圆满。

　　还有一次，不喜欢去LOUNGE BAR的我被朋友拖去，我只好自己找乐子，坐在Lounge Bar认真听音乐，运气不错，发现某CD好听，立刻问出专辑名称，回家网购，也因此成为Thievery Corporation一辈子的歌迷。有时买下专辑的同时，也会同时买下该艺人推荐的音乐，并将这样的音乐链上下游串联，才敢在电台节目或专栏里介绍给大家。

　　对我而言，这是热爱音乐的终极做法，亦是对前辈的努力与作品表示尊重的基本精神，我相信，我的听友会因此给我更多的支持与鼓励。

　　在各种场合，我总是不自禁地在一旁静静观察后生晚辈新生代。有一次在某工作场合，大家一起看金曲奖典礼直播，我看到有几位艺人非常投入，但有一位却坐在一旁漠不关心，我觉得奇妙，心想："你进歌坛，却对音乐盛事金曲奖漠不关心，那你到底关心什么？"金曲奖是一年一度的盛会，是业内大事，也一定会是大家热烈讨论的焦点，结果你无动于衷？也代表你对自己投身的产业没有太大的感觉。这样的心态，进歌坛发展，要求业界支持及歌迷掌声，未免太小看经营事业的难度了。

身在职场，每一刻的表现都有许多双眼睛在观察，并做出判断，更何况那些眼睛可能是即将影响你未来的高层。不在意和不经心，不会是前辈或老板欣赏的态度。无关你腿多长，微整得多精致，我坚信，这些都比不上认真投入与尊敬的态度。当然，我并不反对外观的微调，适度动刀，没碍到人，增加自信，非常合理，但多数行业，最后都不是看外观，而是看内涵！如同你买了豪宅但不懂装潢，弄得七拼八凑，住起来肯定不快活。有人只能住顶楼加盖或货柜屋，但有品位、有想法，装饰得极有品位。门里门外，各有重点，都需留心。

投入真的很重要吗？当然！独善其身的人，也许粉丝不在意，但绝对会被业界看穿，且印象分数被打折扣！共存，共荣，是不二法门。艺人要成名，一开始要一些才华，加上一点运气，但要走得长久，就要仰赖坚持与投入。

罗时丰开演唱会的记者会时，适逢金曲奖前夕，记者问入围的他觉得自己胜算多少。他在回答这个问题前，竟立刻扼要地分析了四位入围者，知己知彼又关注业界，是许多后辈要学习的典范。但现实上，太多人只在乎自己，不在乎他人，独善其身又兼善业界，才能如他一般繁华似锦三十年。

我常常在脸书上分享我观察到的前辈或是新生代的表现，有的前辈敬业态度让我折服，有的新秀有才华和热情。每个产业不需唱衰对立，更需大家共同努力，才能让观众钦服，让产业蓬勃，多元发展。

造一颗新星需要太多人力物力，以及粉丝与媒体日夜的支持，但唱衰一颗星，透过脸书或PTT，弹指间太容易。所以批评前一定要冷静，一切眼见为凭，即便评论后，也请再给予新人机会，以免错过与误伤一位人才。

谈到前辈，儿时偶像高凌风虽已逝，但某次的合作真让我难忘，当时在上海，我主持一家公司的春酒，他是压轴嘉宾。老实说，以他的资历，上台随机应变都是哏，地位也够高，不需太用力，大家也尊重他。没想到他一到后台，就给了我一张A4大小的手稿，上面写满提供给我的串词方向：包括出场、演出、受访等内容，让我非常感动。或许，做过大牌主持人的他，知道主持人总会词穷，只靠天分不是办法，事先预想才是帮忙，也让该段秀更加严谨，最后完美呈现。

其实以他的功力，随便应付都很OK，但他还是准备了满满的内容给我，方便我操作。相较之下，那些容易词穷的歌手呢？怎么不替互动访问先想点什么？怎不先给点相关好哏？帮帮忙！很多事你知，我们不知，为何不先偷偷告诉我？难道全押宝在临场反应？

至于后起之秀，跟我合作主持《网络温度计》的LULU，也是我乐于推荐的。她进退得宜，对工作又有热情，身为前辈的我，几乎可以断定一件事：LULU会是主持圈接班人。现在各单位要帮我找搭档时，不管大小典礼、电视节目或尾牙晚会，如果锁定的是LULU，我会非常开心，如果不是，我也会大力推荐，因为她太优秀了！

第一次见到LULU，是2012年她主持的一场公益记者会，当天我的身份是出席嘉宾，当时我并不知她来自何方，只听说以模仿陶子起家。于是我在台下默默观察她，上台互动后，她表现得落落大方，但略显紧张。直到初次合作节目，才刚开始录了几集，我已确定她很棒！反应精准，举一反三，有实力也有活力，能演能说能唱，幽默感强又不怕丑，而且话术清楚扼要，并懂得敬老尊贤，以及跟领航员一起前进，但一旦你把舵丢给她，她也hold得住！进可攻退可守，是好对手也是最佳搭档。

更重要的是，她对娱乐业界，有热情，而非一问三不知还不愿求知。举两个让我惊呆的例子：第一个，我要她看台北电影节典礼播出，看别人怎么主持。我当时笑说，写两百字报告，这其实是开玩笑的，没想到一周后碰面，她真的乖乖交出心得；第二个，LULU其实才二十多岁，但当我提到我买二手黑胶唱片，是曹西平大哥代表作《热情的姑娘》时，她竟然可以哼出两句，我开始对这位年轻新秀刮目相看！后来有人告诉我，曹大哥常上她的另一个节目时，我回说："是的，曹大哥常在电视节目中唱歌，但不代表每个主持人，都会认真地记起来。"

对业界有热情的人，不懂？问！学！看！听！然后，拼！惹人疼！我愿意当她未来的贵人，虽然她也叫了我声师父，不敢当，但我绝对愿意倾囊相授，毕竟，一直有人要我当他的师父。曾有人问我，怎么不找人接班？终于，我找到了一个我欣赏不已的新秀，比起当年，她的内在外在，都进步了。由于佩服与欣赏她，比较会多说两句提点的话。其实，我多数是以旁观者的角度默默观察圈内的人与事，包括脸书的分享与抱怨。

很多人，进了这个行业，出唱片后却不太清楚业内有哪些音乐节目，明明当了综艺线艺人，却不知道在线有哪些综艺节目，或是上谈话节目时，当我们在热烈讨论议题，却在偷滑手机！是的，我不会制止，导播不会拍，拍到也会帮你剪掉，以免观众观感不佳。但扪心自问，这样好吗？对我来说，这是不可思议的。因为你的分心，让同台的我，和正在学习的素人新秀，甚至辛苦的幕后工作人员都看在眼里了，即使你再有天分、运气再好，一定会被发现热情不足！少了投入，在别人眼中，你可能只是想出风头、当明星、赚通告费……迟早，会被贴上标签，即使有人想栽培你帮你，也会慢慢退却。多数人不是天才，运气更不够用一生，唯有认真与热情，值千金。

为何我总旁观，不多提点？很多人以为我和老板小燕姐无话不谈，其实并不是这样的。娱乐圈是个很特殊的产业，没有公式可循，也很难复制，前辈基本上很难将毕生经验倾囊相授，后辈更难照单全收，因为每个人有各自的风格与舞台，而且观众并不需要另一个小燕姐。在有通讯软件之前，我们很难得才会拿起电话聊天，有了what's app、微信、LINE之后，互动的频率也不如其他朋友，我们之间的距离，比大家想象的远。但，有点距离，反而长久。

1988年至今，我和她的合约，已如同废纸，近三十年，没换过老板，在全世界演艺圈都罕见吧。但她确实间接教了我们很多。从很久以前开始，她不是字字提点，而是以"说得再多，不如自己体会"的方式，以身作则引导着我们。她用自己的每一天，做出很好的示范，什么是对的，什么是错的，什么是自己不足不该做的，什么是该争取而不计代价的，要靠自己体会与领悟，甚至跌跌撞撞，才是真正有用的学习。多年来，门下艺人来来去去，相信他们不一定理解这样的方式，或可能太期望小燕姐教些什么。至今，只剩我和卜学亮，坚持与合作到现在。

　　每当有人用脸书私讯问我："我该怎么当艺人？"我其实很想回复："过去没脸书的时代，我就算想私讯问这问题，也没对象问。但我不也走过来了？请靠自己追梦吧！"

　　我十岁起，买卡带听音乐，看报纸娱乐新闻，发现选秀节目，自己报名写脚本比赛，签约给偶像小燕姐，接着在各大电视台与制作单位间闯荡跌撞，跨界到音乐圈电影圈艺术圈等领域工作，细细体会与调整舞台上的奥妙与精髓……这些，谁教我的？是老板？脸书或Google大神？贵人当然有，但这一路走来，自己的脑袋，才是最重要的帮手与伙伴吧。

　　前辈不见得会开口教育（教训）后辈，他们或许看似装聋作哑，也看似不闻不问，但一切的一切，前辈们其实都看在眼里、放在心里，伺机而动。所以，唯有自己反思，从错误中改进、学习，才有进步的可能。机会，等他人给，不如自己耕耘！

我看到很欣赏或出了些状况的伙伴，通常觉得似乎可以和对方分享些什么，但讲到一半就会停下来，因为每个人在舞台上都是独特的创作者，每人头上各有一片天，没有绝对的好坏！

我是这么想的：如果你是个会思考的人，请自己观察与汇总。观察自己，观察其他前辈与同业，默默思考，融会贯通。就怕不用心观察或不动脑，因为自省，绝对比被一直抱怨却又无法真正认同或体会来得有效。勤加领悟得来的东西，很珍贵，而且谁也偷不走。

天分和运气都是属于自己无法决定的事。假设你有天分也有运气，结果却因为欠缺热情、态度散漫与不认真而被业界淘汰，是多么可惜的事啊。又或许因为缘分与巧合，一开始不像其他人对这行业有兴趣与热情，但既然已进入，就应试着主动培养乐趣，同时深入了解，全心投入与领悟，制造持续发光发热的机会，并在各领域占有一席之地。

能够超越天分与运气的就是：不断付出。而有礼貌也相当重要，有运有才有付出却没礼貌，还是会碰壁。

记得刚踏入演艺圈时，一直被耳提面命一件事：做人要有礼貌。当年我和宋少卿、刘尔金和卜学亮组成"帅哥综艺团"，宋少卿是大哥，他曾提醒我们对人要以礼相待，男的要叫哥，女的要叫姐，我们毕竟是新人，人生地不熟的，电视台的长官，彼此也不认识，但出手不打笑脸人，所以即使是华视的警卫大哥，我们都会很客气地打招呼。其实，这是很基本的事。

但现在的年轻艺人，不习惯叫哥叫姐，有的个性寡言害羞沉默，只用一声"嗨"或眼神打招呼。我可以体谅新时代，或较洋派的观念，不善表现甜腻，大陆和香港的艺人也不习惯这样叫，我也不会因此就对他们有差别待遇。

但反之，碰到嘴甜，会叫哥叫姐的，一定会对他们有好印象，如果能力所及，更会特别照顾他们。待人有礼貌，态度诚恳，总是比较得人疼，不是吗？合理吧！只是对歌手演员来说，有种东西叫风格、叫酷，例如王菲，她的态度就是她在舞台上的巨星特色。然而王菲有其超强的实力、特色与运气，对音乐服装更极具品位，所以，她酷，大家买单！你和我呢？世上又有几个王菲？

还有一种礼貌的延伸，是守本分。

不知从什么时候开始，我有一种绿叶心态，认定主持人的角色就是站在舞台中的一片绿叶，红花是歌手、演员、老板或手上要卖的产品等等，我是帮衬红花让其更艳丽的角色。

我认为，再大牌的主持人也要烘托来宾，让观众看到来宾想传达的理念与作品。但是红花可谓众人目光焦点，诱惑实在不小，让有些主持人太想当红花，目的性及表现欲过强，反而不易扮演好主持人的角色，让人不放心，甚至失去更大的舞台！所以，作为绿叶，须三思并知分寸。

跨界吸收
提升自己

9

多年前在某位大哥的竞选办公室里，我第一次和橙果创办人蒋友柏先生碰面，当时他负责制作竞选相关周边商品，而我则是被征召去提供点子。我们素昧平生，但那次偶遇的机缘，让我见识到蒋友柏私底下不同于被媒体追逐时的另一面，他有所坚持、能屈能伸，让我对他从疑虑转为佩服，并期许向他看齐。

那一天，我和蒋友柏离开竞选办公室后，在楼下互换名片，并小聊了一下彼此现状，刚好我当时在东区开店卖潮牌与创意设计小物，他的工作室新产品则需要适合的门市销售，互动起来相当投缘。我们都喜欢日系潮流，在他率队来店参观后，更是一拍即合，于是我们从这样的合作开始，之后还一起开发产品、搭档执行设计案，如此持续了一阵子，过程很愉快。

那时，是我演艺事业最低点，我试图转换跑道，虽后来没帮到竞选的忙，却因此认识了友柏和他弟弟友常，而他们不在意我是否当红，这是最可贵的。

我对蒋友柏的印象，起初也和一般人一样，觉得他很帅、很酷又不苟言笑，家世背景显赫，低调但有点拽，保护私人领域，不喜欢谈论家人，面对媒体有时非常强硬。后来我发现他是个很奇妙的人，当我们一起面对客户时，他完全展现出另一种姿态，笑脸迎人应对得体，身段比谁都软，谈到设计案合作内容，他可以接受的批评尺度极宽，该硬时，不害怕，该妥协时，他比谁都谦卑，腰可以弯得比我还低。当然，也许大家看到的他有不同面貌，但起码当年我近距离所见的他，是如此让我惊讶。

有一段日子，我也会向企业或出版社提案，推动刊物发行、公益活动、或请求策展所需的挂名金援赞助。顺利的案例，是尖端出版社黄总，他很支持我出版《PLAY流行乐刊》，这也是我第一个副业，很成功，共创佳绩，一生感激。所以我清楚，也理解客户至上的道理，但我没想到在这一点上，友柏可以执行得这么彻底。

那段时间，我们常在早上九点相约和客户开会，他一定
准时，总是神采奕奕地带领着团队，全力拼搏。还有一次，
一起和某客户在台北纽约纽约展览购物中心开会（后来的
ATT 4 FUN），我印象很深刻，因为双方的理念太不同、意
见太不合，我当下已心生不满，心里也明白，会议之后，很
难再与客户有合作的可能。但同桌的蒋友柏却可以，他能强
硬地谈条件，也能忍受外行领导内行，远远超过当时的我所
能承受的。之后，我在面对事情的态度上也做出调整，把弹
性变大，这样空间就会变大。

有一次，我单独向一家科技公司提案，内容是约一百多
万元的赞助。那是一次一对一的面谈，但从坐下来到结束，
对方从头到尾没有正眼瞧过我，像是我一个人在唱独角戏。
短短的会面时间，我的心情从一开始的惊讶、不知所措到有
些愤怒，最后转变为"如果我是他，会怎么做？"我试着站
在对方的立场来看待这件事。或许，他认为我只是个小艺
人，不够信任我的能力。我应该尽快撇开情绪的干扰，以大
局为重，透过简报让对方全盘了解规划，就算拿不到赞助经
费，我也尽力过了，冲吧！

最后，那笔百来万的赞助，我拿到了。我，没有意气用
事地甩头离开，或抱着随便的态度做简报。海阔天空。

　　三十多岁时，我开始对艺术产生兴趣。但我在这个领域只是个菜鸟，尽管拥有演艺圈的资历，但意义并不大，黄子佼三个字对艺术圈的人而言，只是一个艺人而已。别人会用什么眼光看我？附庸风雅？打打酱油？或许还有等看笑话的人？毕竟，不会因为我是黄子佼，作品就卖得掉，我必须付出努力，证明自己不是随意跨界。于是，我真的做了很多。

　　或许我的人生起伏曲线比别人夸张一些，所以我常回头省思自己当下的位置。我学会人不可自满，别把自己看得太重，更不能得意忘形，跨界到艺术圈就是一个很好的自我提醒，即使曾经是somebody，在这里我就是一个nobody，演艺圈的名字只是一个符号，不等同在其他领域也能发光。所以我必须将自己归零，重新出发。既然是艺术圈的nobody，更不需要不懂装懂，喜欢艺术、想创作是我的初衷，调整好心态后，就以新生的学习精神来取经吧。

　　我起步得晚，许多艺术概念是我完全不熟悉的，但我不怕别人笑我菜，勤做功课、吸收累积是第一步。勤跑艺廊看展览，广泛阅读杂志报导，吸收知识，发挥闲谈力向前辈讨教，有机会就不耻下问，不放弃任何可以进阶的机会，一步一个脚印开始拼，但也很享受。通过一次次地露脸参与，慢慢地，艺廊老板与艺术家知道我不是来跑龙套的，是真心喜欢及关心，他们也更愿意分享经验，或交流对艺术圈的观察，并开始邀我参加开幕式、写艺术家的画册序文，甚至参展与策展，让我一脚一脚踏入、深入，而许多年轻艺术家也会和我一起相约看展，过程单纯、自在而喜悦。

记得当年刚开始聊起雕刻时，有人提到台湾第一把交椅朱铭美术馆，我一听就心慌了，因为我从没去过，赶紧抽空跑一趟，顶着大太阳跑到金山实地参观，眼见为凭，并记录下来分享在博客里。我始终相信，持续投入与关注，艺廊老板与策展单位，一定会看到我的认真态度，也才有下次沟通、交流，甚至合作的可能。对我而言，这些内行的专业人士短短几句话，都可以为我开拓视野、指点迷津，每一次交谈就像一堂精彩的课，具有醍醐灌顶的效果。

任何时候都可以是学习的时机与成长的契机，不要看轻、更不要放过任何有兴趣的事物。当下的年龄和尚未拥有的资历不重要，只要多投入，散发能量，别人看见，会感动的。诚恳的态度，会让你赢得尊重，交到适合的朋友，彼此分享、交流更多丰富资源与信息，形成良性循环。

十多年前，我在日本误打误撞，走进涩谷PARCO百货，在楼上艺文空间巧遇艺术展览，就这样一头栽入艺术，沉浸其中。过程中碰到不少贵人，例如台湾资深策展人陆蓉之老师，她从为我导览艺术作品开始，过程中给我许多机会，包括策展、参展，以及主持艺术开幕活动等等，老师的提拔让我没齿难忘。

还有日本艺术家村上隆的大中华区窗口小向。小向是我多年朋友，他当时筹组一个媒体参访团前往日本参观村上隆的GEISAI艺术祭与工作室，邀我这位哈日老鸟、艺术菜鸟同行，也为他们做些网络专栏的报导。同团有媒体记者、私人艺术基金会执行长等等，我的身份还不明朗，但确定的是头上没有艺人光环，目的就是去看展，于是我保持专注，也很珍惜这次的随团出游。

会场分两层楼，总共数百个摊位，相当盛大，我为了多学习，即使走得很累，还是坚持全部走完、看完、拍完。脚好酸。隔几天我整理好数百张照片，并上传到博客，不管出钱邀请的村上隆知道与否，但我也算对得起这趟公务参访旅程了。

这趟旅程有个意外的收获，同行的媒体团中，有位《典藏投资》杂志记者，她或许对团里的我有些好奇，默默观察，后来，她竟邀请我为杂志写专栏，令我喜出望外。由于那是一家专业的艺术杂志，加上我一向怕生，对不太熟的人已不易开口，更别提毛遂自荐了。没想到，她却主动帮我开了这扇门，而且专栏一直写到现在，已经持续七年，其间还集结成书，为我的艺术领域，留下一道更深的足迹。而帮我出版这本书的出版社老板，也是小向。缘分真的奇妙，无形地，将志同道合的人串在一起。

我常在想，为什么陆教授对我如此提携？例如台湾重要的艺术博览会ART TAIPEI，我虽多次受邀担纲新秀艺术家区的名人导览，但直到陆老师的邀请，才有机会将创作结合此一盛事，参与2011年该届的"ONE LOVE,ONE ART."公益徽章义卖创作，也一起在会场对谈。

小向呢？以前我们是娱乐业同事，她刚入行时是日语翻译，后来步步高升，能力与品位一流。我们因为哈日，有许多话题可聊，现在她是小器生活道具、食堂，以及艺廊的老板，成绩很好。而那几年，村上隆常来台办活动，我们也有几次紧密合作，非常感恩！

专栏呢？为什么找我写？或许我切入的角度有着独特的观察与观点，可为专业艺术杂志带来多元化，分享其他专栏作者不关心或不在意的题材，介绍许多未成名的艺术家。无论原因是什么，我想，态度很重要。否则这些贵人为何平白无故帮我？没必要！

要知道，谁都没理由非要帮谁，为什么别人一定得帮你？每个人都是单独的个体，既非闺密也非至亲，为何要帮忙？我很明白，只有自己能帮自己。把分内的事做好，态度正确，身段柔软，好奇心旺，诚意满满，把自己提升，别人才会乐意帮你。

千万不要漠视身边任何一个人，对人尽量不要有差别待遇，因为偷偷看见你很认真、愿意帮你的贵人，不一定是大老板。就像当年只是翻译的小向，以及《典藏投资》的记者，多珍贵！而我相信，以上几位艺术圈的贵人，在出手前，或多或少已发觉我对艺术领域的爱好与投入，才愿意出手。

有人说我是跨界王，我承认我热衷于跨界，因为想让自己更多元、让自己升值。另一个原因是，跨界让我看到世界之大，同时提醒自己的渺小。而当我实际见识到别人的领域，然后发现自己的领域不过只是个小池塘，还有很多成长空间时，这样的感触更深。

例如我在某尾牙舞台上，听老板致词提到，来年盈收将达到兆元，我真的吓傻了。台湾的电视台、唱片公司再会赚，年营业额也不可能上兆，一百台加起来都没一百亿！演艺圈有的是名声，或许别的行业会尊重娱乐的专业，觉得我们有存在的意义，但不能因此就眼睛长在头顶上，摆出一副傲慢姿态。原地踏步，会更寸步难行。

所以，对我而言，跨界不全然是为了"别把鸡蛋放在同一个篮子"做准备，更代表一种在学习和心理上的成长契机。在熟悉的舒适圈，能掌握一切，到不熟的领域，虽陌生，自信不够，但将更懂得适时进退。调整心态，保持平衡，维持平静，不可迷失，也不自负自满。离开温室，跨界过程中的种种体会，弥足珍贵。

术业有专攻，隔行如隔山，别人并没有义务提供资源或机会给你，唯有拿出好的态度与广结善缘，让这些积极的正向思考，带你迈向成功之路。

人生起起落落，工作有上坡、有下坡，但我内心有些原则从没变过，特别是别人不愿意做的事，我会去尝试。别人不愿尝试的原因，一来可能是比较困难，不易成功，其次则可能是面临全新的领域或挑战，容易退却。

如为上述原因，不妨把它想成一条崭新的道路或一场冒险，无论成功概率大小，都可能成为履历上的亮点。尽力而为之，不管成败，都有收获，也将得到额外的关注与掌声。

我常在不同业界领域的舞台旁，获得鼓励，但一边接受称赞，我也同时哭笑不得："原来我做到今天，做过无数节目，你都没认真看过，你都不喜欢。"这样一想，真有点悲伤。但转念一想，好险我已站在这里，而且被你看见了！

观察别人正在做的事，并试着做别人还没想到的事也很重要。当我主持企业产品发表会时，我会依据品牌的标准色来搭配服装配件，这种细节，是主办单位并未想过，也不会提出要求的。一旦我主动做了，印象分数瞬间增加，细心、用心、贴心，一定会出现意想不到的效果。

　　稍微离开电脑、手机一会，多动脑，多帮人设想，肯多做一点，就是在帮自己储值，让自己物超所值！

狡兔多窟
多元成佳

10

出道之后，我在90年代的节目《综艺万花筒》（这个节目当年红极一时）中，变男变女模仿明星，也自创角色演短剧，奠定了基础与知名度。2015金钟五十前后，几个媒体整合综艺史上的经典角色，我的小笨童与多尔衮分别入选，也算功德一件，没白走一遭。

当年，我一边演，一边观察同辈艺人的发展，同时开始思考未来的路。打安全牌，继续走这条路，成为资深搞笑模仿艺人，也可以，观众或许依然会给掌声。但是，往后观众一看到我，会不会只联想到多尔衮或小笨童？只想看我模仿变身灌强（林强）、粥会敏（周慧敏）或叶瘟疫

（叶蕴仪），而不想看本尊黄子佼？

这是一个很难的抉择，改变，会不会更好？我不知道。安于现状，也是个选项，多数人会这样做吧？但我还年轻，如果不脱胎换骨、多方尝试，很可能因而放弃许多机会，也舍弃了更宽广的舞台。

不要怀疑，那几年，很多晚会或大型综艺节目邀我去，都是要我扮演某某某。例如华视周日八点《钻石舞台》收视率高，艺人挤破头，我终于受邀前往，却要我扮演林子祥，从头到尾，没有我原来的样子。还有很多活动，我一出场，掌声有，但当我继续演起小笨童，掌声加码三倍！

经过多次挣扎，在《综艺万花筒》结束后，我决心为自己重新定位，无论结果如何，我都要改变，增加黄子佼的个人露脸机会与作品。除了几年后《超级星期天》的小单元"每周一曲"外，我开始很少扮女装，并减少模仿演出，我要多做自己！我要与当年那群同期的百变艺人走不同的路，那些大家都会的，我要放下，努力走出自己的路。

因为喜欢看电视，我很早就在观察综艺圈的变化，顺便思考自己的可能性。我知道自己不会成为第二个菲哥或瓜哥，每个人经历与处境不同，几乎不可能会出现一样的结果。

当年是一个可以从秀场走向电视的时代，他们在秀场身经百战，场场都等同直播，观众近在咫尺，效果立马分晓。而票房也很残酷，人气现实得可怕，好坏躲不掉，只能拼高下。慢慢地日进斗金，再带着一身本领，说学逗唱走上荧幕，身价也不至于太低。

那时的哥，一小时数十万主持费时有耳闻；现在的哥，哪有这样的环境与条件，谁给得起那种价位？所以，那些第一名，由于时空环境的不同，已经很难超越了，甚至连他们自己可能都无法持续维持在那样的高峰。

另一种第一名，则很容易被超越。例如某节目收视第一，某本书排行第一，某名人人气第一，某部影片票房第一，但下一个第一随时到来！所以，第一，一直不是我最在意的，要不，世界变了，很难超越某些第一；要不，第一来了，也很快被取代，世上，已经好多第一。皇冠，随时换人戴。

既然无法成为第一，我就要成为唯一，建立独特的价值与地位。然而分析自己的优缺点，我大有受限之处：一、身材瘦小非帅哥；二、反应不是最快；三、不是最好笑。但是，或许我可以开发专业领域，走一条自己的路，绝对比走别人走过的路来得有趣！当自己和别人有所区别时，才是唯一。做生意不也是这样？当整条街只有一家便利店时，生意第一，一旦三大连锁系统都来了，客源分散，就算你还是业绩第一，收益也已大不如前，不如改开咖啡厅吧！

奥运，上届金牌，你记得几个？但常常我们会记住的，或新闻会重复播放的，都是某个独特的动人画面，受伤、落泪、奋战，那唯一的感动，更会被流传。

说是误打误撞也好，因为好奇而被精美风格吸引也罢，也可能是被受日本教育的祖母所影响，我从小学起，就非常哈日，从文具到玩具、漫画卡通，以及音乐，都因兴趣吸收，累积基础。刚好哈日风兴起，有人找我做了哈日类的电视节目，分享与收藏日系音乐；也因此接了很多日本艺人或电影记者会，甚至日系杂志的顾问工作；一步步借力使力，又出版了日本旅游书籍，同辈综艺圈主持人中，少有类似特质，我可说是不小心找到了特色，站稳一个小圈圈。

当然，努力深耕哈日小众市场，并不是最具魅力、最好笑、赚最多钱、收视率最高的主持人，但这个小分类，让我看到了走出新路的可能性。虽然要投资很多钱买日系商品做功课，但饿不死，我也因此拥有了许多美丽的回忆。

小室哲哉当红时，每场记者会都好盛大，后来他投资台湾选秀节目《小室魔力》，就是由我主持的，我也由此看到日系综艺的企划概念。还有一个机会是去日本台场富士电视台主持一个音乐特别企划，除了厚厚的脚本，那一间间传说中应有尽有的日本艺人休息室，也让我毕生难忘。

　　耕耘哈日的收入当然比不上综艺圈的主持人，但也有属于自己的地盘与权威，最忙时，一个月受邀去日本看三场演唱会，不仅拿到第一手独家报导，也开阔了不少眼界。

　　我在哈日领域中多年来优游自得，扩展人脉，累积口碑。接着爱上街头潮流、设计时尚、文创艺术，我也都秉持一样的态度，就是认真投入，即能触类旁通。我在不同领域的耕耘，都秉持一样的精神：产生兴趣、接触吸收、累积能量、拓展人脉，我相信，一定会有人看见。

　　经过多久，才会有收获？每个人状况不一，难以回答。重点是，即使无法确定，不敢保证，甚至不愿多想，但迟早，会有机会释放这些所见所闻，这是我的念力。同时要告诉自己，就算舞台一直没来，也要持续享受这些因兴趣而接触的领域。

　　由于我的兴趣多元，以及其间的转变，我渐渐有了狡兔多窟的概念，要求自己不能满足现状、耽于安逸。偶尔还须见缝插针，或是以地方包围中央的策略来经营自己的职业生涯。当选择一多，挤不进想走的康庄大道时，可以先走旁边的幽静小径，有可能衔接上另一条不为人知的秘密通道，或许远了点，但走过的小径反倒拉近了你与主干道的距离，也因与众不同的见闻，持续塑造唯一性。

譬如我耕耘十多年的艺术设计领域，这几年慢慢有了收获。2015年节期间，新光三越信义新天地的羊年艺术义卖，口碑与销售兼具，欢喜做公益，还有陆续策划的新光三越A11馆的橱窗展、PHOTO TAIPEI的名人公益摄影联展、ROOTOTE的包包绘画公益联展、黎画廊公益艺术联展、台中新光三越ART RIVER开幕展暨主题歌企划等案子，都让我忙得不可开交，但成就感十足。殊不知，这可是累积了十多年的准备啊！

在艺术圈，我收藏，但不是最有钱的收藏家；我创作，亦不是作品可以销售一空的创作者；我策展，但不是那种人潮汹涌的展，以上的第一我都拿不到，但我横跨收藏、创作、策展、参展、导览，还写艺术专栏，在电台与网络推广艺文活动，并在人间卫视主持文化艺术类节目，且入围金钟奖。同时，我也主持艺术活动开幕式或贵宾之夜，台前台后，全踏过了，这不是第一，但已是唯一了吧？地方包围中央，是不是很累？但，很过瘾。而这理念，我是从吴宗宪身上看到的。

话说90年代，我已是三家电视台中的活跃新生代，挤破头，很荣幸。他？比我年长，是一位还未家喻户晓的新歌手。上不了节目，却因有实力，且拼命，拼起来霸占校园演唱会舞台，自己唱，也主持，甚至承揽大厂商的校园迎新巡回项目。

　　当时他找我去当校园活动嘉宾。我可以上台唱歌，但他看上的，是来一大段的模仿表演与互动，把《综艺万花筒》那几个人物搬上舞台，丰富他承包的晚会，就在当时，我一次次见证了他的说唱实力。

　　在那个没有网络和手机的时代，我们就靠市内电话联系工作，也偶有其他交流。后来他上了几个节目表现出色，有人慧眼找他做节目，有点类似菲哥瓜哥从民间（餐厅秀场）起家的概念吧？当时，他只是电视里的新秀，但在台澎金马各角落，他已累积无数掌声与实力，地方包围中央，不红也难。然后再回头出唱片，气势更惊人。

　　后来我们一起在《超级星期天》打拼，也同台主持过《天天乐翻天》《侏罗纪笑园》《全家出动》等节目，看他把握空档、整顿股票投资、在放饭时开会、收工还去做唱片、同时极力巩固来现场看录像的宪宪家族粉丝的心，真是佩服不已！

　　他成名的历程对我而言，是震撼的，因为我出身自老三台，始终在电视台内发展，就像温室里的花朵；而从他身上，我才发现贴近群众的重要性，而且勇于经营自己，任何时候都不嫌晚，更不用在意自己当时站的位置是高是低，总之先拼，就对了。

青蛙王子高凌风是我的儿时偶像，他曾说过一句话，让我印象深刻。记得某次典礼上，台上颁奖人在争论谁是主角，谁应站在中间，高大哥最后这么说："我站在哪里，哪里就是中间。"这番话，我非常有共鸣。二十七年来我从不争排名，不吵闹，我告诉自己不一定要站中间，当绿叶也OK，唯一努力的，就是做到和别人不一样。不是第一，而是唯一。最后，让我站的地方，每个角落都是中间，拥有一席之地。

我钻研的领域，未必是刻意发展的，若非十多年来的演艺低潮，或许我没有那么多时间去累积不同领域的知识，或深入其他有兴趣的事物。这或许就是有一好没两好，如果事业一直顺风顺水，没了空档，也少了吸收。

我很庆幸自己在跌了一跤之后，没有大把大把地浪费时光，尽管有迷失，曾沉沦、自我放逐、挥霍，人生失去目标，甚至忧郁……但我后来告诉自己：要玩多久？够了吗？新闻里好多人想活活不了，我们好手好脚，为何不去吸收更多养分？主流市场没有容身之处时，起码还有海外或小众市场，或其他可深耕的领域。所以，即使我当年失去了综艺节目的舞台，起码潮流圈还是称我一声教主。狡兔三窟，非必须，但如果有机会，多元发展多角经营，分散风险，制造机会，善用时光，何乐不为？

从没想到，当年那些不经意的累积，后来都成了四十多岁的我在工作上的无形资产。记得，不要忽视了任何可能开发自己的机会，累积在脑子里的东西，都是他人所抢不走的，属于个人的虚拟宝物，而这些宝物，绝对比游戏里的虚拟宝物更实用。

已故李国修老师的座右铭是："人一辈子能做好一件事就功德圆满了。"其实老师太谦虚了，他的人生不仅仅做好一件事。我从小看他在华视演短剧、主持节目，后来创立屏风表演班，是能力很强的演员、编剧、导演和团长，他获得光荣与掌声，也努力提拔后辈，可惜英年早逝，令人无尽追思。但他说得太对了，每个人一辈子，都应该要求自己，至少成就一件事，将潜能发挥到极致，才不枉走这一遭。

屏幕前的我，努力做一个提供信息，也逗大家开心的主持人，而私下的我在工作伙伴或朋友眼中可能是个严肃的人。我不爱玩乐，常处于工作模式；我总是想很多，但这也不能怪我，毕竟失去过舞台的人，脑子难免较常人怪异。这可算是职业病的一项。

在舞台上，除了自己之外，别人完全救不了我。只要有一个细节没做好，通常会导致如蝴蝶效应般的结果产生。一旦无法掌握每个抛接的哏，或与受访者的互动，自己救不了自己，又如何忠于所托、对得起给自己机会的人？所以私底下我常检讨反省自身的优缺点，导致看起来很少笑容、过于严肃。

其实我身边的助理、经纪人或化妆师最可怜，总是看到我一副愁眉苦脸的表情。这并非表示我生气或不开心，只是我总是在思考下一步，所以显得一脸凝重，再加上，她们三位贴身伙伴，是我最不需要应酬的对象，是自己人，所以，我就不刻意假笑了，继续审慎地思考接下来的工作。

当工作结束了，照理说一般人会开心庆功，嬉闹吃喝，但对我来说，最重要的是事后检讨，哪些不足或失误，需再次检视，作为下一次的借鉴与养分，这比喝一杯庆功要重要得多。所以无论大小场合或常态录像，我在开车回家的路上常边思考边喃喃自语：舞台上有没有漏说什么？有没有效果更好的说法？笑点有没有好好发挥？话题是否延伸顺利？下次又该怎么访问他？最病态的是，如果我觉得没有发挥好，还会写email给自己，并移到"漏失的工作与哏"文件夹（文件夹中还有一些信，是我寄给自己的，告诉自己哪些工作没接到，或被取代，以提高自己的危机意识）。

对于工作，我是有点吹毛求疵，因为我觉得其实都可以更好。或许台下观众看不出问题，但我却过不了自己这一关。这些整理、反省与记录，都是为下一次的表现做准备，以及打基础。小小动作一个累积，日后多方消化利用，况且囤积的概念，不是动物天性吗？就像我当金曲奖或金音奖评审、主持时，主办单位寄来一大箱的CD，其他人或许觉得量好大、压力好大，但对我而言，平时就已囤好聆听欣赏的经验，听了很多CD，此刻只须稍稍补强即可。

平常多累积吸收，碰到状况时就不会从零开始，表现会较稳健淡定，这是我的亲身经验。平日养成习惯，遇事不心慌，就能保持头脑清醒而游刃有余。随时随地张开天线接收信息，将这变成与生俱来的本能。某些习惯，看不到当下的实用性，但都会在某个时刻跳出来力挺你，为你加分。所以，恒久地打拼，是必须的。

先打拼再享乐，一直是我的习惯。我当然会放假放空，也会出去玩耍，但前提是，所有任务都对得起自己与业主，我才有玩耍的心思。因此，我会因白天表现不佳，取消之后的饭局大餐；或是和制作单位合作一季后，愉快却须分道扬镳时，我才放松又带着感激，邀大家去KTV喝酒。我猜想，伙伴在那一夜，看到我的另一面，应该都觉得与摄影棚里的黄子佼，判若两人吧。

平常多累积吸收，碰到状况时就不会从零开始，表现会较稳健淡定，这是我的亲身经验。平日养成习惯，遇事不心慌，就能保持头脑清醒而游刃有余。

◇◇◇◇◇◇◇◇◇◇◇◇◇◇◇◇◇◇◇◇

分秒必争
善用脑袋

11

小时候听大人说，睡眠要睡足八小时，但一天才二十四小时，表示一天的三分之一都在睡觉，如果我活了九十岁，一生不就睡掉了三十年！真的太惊人。换算完之后，我开始觉得睡太多是种浪费，但睡不饱又会累，工作效率低，情绪也不佳，这样也不行。怎么办？于是我告诉自己，只要醒着，就要加倍努力，一分钟当两分钟用，两分钟要当五分钟用！

不论贩夫走卒还是政商名流，每个人，每一天都是二十四小时，没有谁比较多或比较少，再厉害的科技，也无法延长时间，更买不到时间。

我相信，这辈子最值得投资的两件

事，一是时间，二是自己的脑袋。有效率的人，会花最少、最短的时间，完成最多的事，这是让你拥有更多时间的关键。当然，很多人会把买房当成投资标的，但我不爱，宁可把钱放银行定存。若要投资，我更喜欢把钱花在艺术收藏，支持那些有才华的人，让他们获得资源，继续创作。

每次听到有人说，工作少日子闲，我都感到惋惜，因为这个世界太宽广，可以做的事太多，值得探索的领域根本无法想象。工作少，真的等于闲吗？真相是不愿善用时间。把分秒填满，不难，若要忙起来，根本忙不完。尽管暂时无法从正在忙的事务中获得报酬，但这些过程都对脑袋有帮助，日后，更有可能变成（有收入的）工作到来时的大把经验与维他命。还闲得下去吗？快忙起来！即使现在你落后了，但只要比他人更会利用时间，总有一天，你的努力，会让你跑在别人前面。

台湾许多企业领导人，岁数已七字头，每天仍花十多个小时在各地奔波，也乐于工作，坚守岗位，为产品和员工负责，不蹉跎时间，善用大脑。你曾有那种经验吗？睡太多，好饱，但脑筋迟钝了。所以，要活就要动，动脑才能再补脑。同时开发潜能，为计算机装各种软件、程序、档案时，也不要忘了再帮脑袋大量灌入各种信息，这些文件，比存在计算机里的更实用，也更重要，还不会中毒。

十六岁进演艺圈，我发现在这里要妥善运用时间非常不容易，因为演艺工作并不是一种讲究效率、一板一眼的行业。在入行当小弟阶段，每天都花很多时间在等待，大哥还没到，制作人没改完剧本，排队等化妆，只能耗在摄影棚里发呆，哪里也去不了。更别提那是公用电话的年代，手机、上网，想都没想过。手边的报纸呢？早就翻烂了。就是从那时开始，我只要一收工，就想把浪费掉的时间加倍补回才甘心。我把收工后的大部分时间用来吸收新知，为自己充电，同时更有效率地善用每分每秒。现代人从不会忘记帮手机充电，但更不要忘了帮自身充电！

一路走来，我很珍惜时间，但身处演艺圈，我不可能影响所有人，只能从自己做起，如果自己不准时，又怎么敢要求别人有效率？为了让别人知道我的原则，我会以身作则，不管别人是否迟到，我都尽可能要求自己准时。渐渐地，当他人姗姗来迟或耽搁时间，会发现我已化好妆，做好准备，久而久之，与我合作的各单位、部门与伙伴，逐渐受我的影响，也间接带动了整体工作效率提升，是一种让彼此加分的互动。况且，早点收工回家休息，不是为了我一个人，不是吗？我遇到前辈，不会试图改变他们的习惯，但当我作为前辈时，绝对会以身作则。

一起准时，每天省下来的时间相当可观，又可适当运用。如果真的延误了（无论在后台或机场，难免），我会大量阅读。随身备着报章杂志，甚至百货公司DM（Direct mail，直邮商品快讯）都有，随时看看世界大事小事，谁知道接下来上台会不会聊到精品周年庆的话题呢？我的包包或行李箱，通常都比他人重，有备无患。至于滑手机，当然也会看看脸书，但我严格过滤追踪与订阅的对象，连滑手机也希望滑得更有意义一点。若有推不掉的好友饭局，九十分钟过去了，该聊的事聊完，我就会站起来买单走人。起初朋友都会被我吓到，怎么还没聊够就要走了，后来他们慢慢了解，我吃饱闪人，是为了回家继续动脑袋进补。所以我常说，录像后我看似收工，其实回家又要开工。而且所谓的聚会，最后通常会开始出现重复的谈话、发泄，然而，现在人们聊天可在脸书或通讯软件上进行，而杂志和电影却永远看不完、CD永远听不完，艺术展欣赏不完……每分每秒都须花在刀刃上，才能拥有更多时间做更多事，甚至帮助更多人。

过去几年，事业慢慢回春，有时一天有一到三场主持活动，从准备资料到搭配衣服，我必须有SOP，才能省下更多时间，也彰显出自己过去省时习惯的重要性与必要性。

当然，也必须牺牲更多的私人娱乐，将琐碎时间拼凑重组，善加利用。例如，睡眠，要练就随时起床又随时可入睡的境界，如果无法在床上躺八小时才起来工作，就用加法说服自己：先睡两个小时，起床，开车到机场办手续入海关，如梦游般，一上飞机，立刻合眼睡三个半小时，抵达北京出海关领行李，上车，进市区的公路上，又可睡一小时，到了饭店，登记入住，上楼，化妆前，再躺下睡一个半小时，加一加，八小时达阵。不要觉得这样很变态，我也不想的。但如果练得好，随时可派上用场，变态也是必须的。

　　我平均一天睡七个小时，除了睡觉时无法做事，我尽量在其他时间内一心多用，多做一件或两件事。例如：洗澡时听音乐或听新闻；开车等红灯时，用手机录下在工作上的新想法，或以通讯软件处理公私事。买计算机平板手机，大家都要多核心，其实该把自己的脑子，训练成多核心处理器，同时开多个窗口，不停运转。

　　只有在海外度假、海边发呆时，我才能真正地放松、归零。朋友都觉得我很夸张，说我生活中的前三名都是工作。但我对自己的期许，是忠于所托，不然别人为什么要付钱给我？

　　每个人都应该懂这道理吧？付钱给五星级饭店，就要五星级的享受；付钱买3D电影票，就不可能忍受放映2D版；付钱向餐厅订烤鸭，就不该吃到皮一点都不脆的鸭皮！付钱给他人，都希望对方满足所托，不是吗？将心比心，人家聘你，怎么能不忠于所托呢？如果你付钱买车，里面少了引擎，你会不翻脸？反之，别人付钱请你工作，你也不发动脑袋里的引擎，合理吗？别只抱怨各类服务不好，当自己为他人服务与付出时，也必须够好，这才是生存的王道。

看了电影《露西》后很有感触，人类的大脑只开发了极小的一部分，还有许多未经开发的潜力。年轻人，趁脑力体力学习力还很强的时候，不要挥霍一分一秒，好好开发脑力，投资未来。

过去，我的脑袋还可一心多用，全盛时期，起码可三用。例如一边上网办公回信，一边听音乐，还一边看新闻瞄重点，同时，写专栏。但随着年纪增长，上网时也许可以看电视，但不能开声音，更无法同时写专栏，音乐也会让我分心，工作效率有变慢的倾向，真是无奈。

但我还是相当努力地将一分钟当两分钟用。例如有一次我去电台录音，播一首歌的四分钟里，起身走路去厕所，沿途吃零食裹腹，到厕所时，手机放台上，播放微信的语音，接着走回录音室的过程，快速用语音回复刚刚听取的微信内容，最后，进入录音室，打开麦克风，继续串场。短短时间里，肚子填饱了，信息回完了，歌也播完了。

有一次录像时，因一些理由放饭时间长达三个小时，于是我趁这段时间，拿起手机录了一支朋友需要的倡导短片、开了一场百货项目的企划会议、接受媒体的电话访问，甚至还和巧遇的记者朋友闲聊，交换业界资讯，之后前往台视后方的艺廊看展，再开车去三创买手机背盖，最后回台视吃晚餐，接着换衣录像。

累吗？不累！很充实！如果把以上事情，分五个空档完成，才叫累吧？若把各段时间算好，并事先确认移动路线，即可流畅完成一切。即使生病，我也不会多花时间在病恹恹的状态，狂喝水或猛逼汗，加速排毒，尽可能让感冒在一天内改善。

刷牙洗脸的时候，我也在动脑，明天穿搭什么衣服？有没有新闻话题能当哏？百货公司的店歌歌词怎么下笔？脸书粉专要发的内容安排……——趁空想好、做好准备，绝对比临场再来反应更安心。其实刷牙的两分钟，不算短呦！每天两分钟，累积下来，是十分巨大的能量。不信你试试看，少放空，多用功，就是迈向成功的小提醒。我的脑袋一刻不得闲，一直在转，永远stand by。

有一次和朋友吃午餐，中间离席去上厕所，一离开现场闲聊的话题后，脑里立刻开始思考其他事情，我在这短短三分钟内，想起晚上的受访者，并发展出一个哏，回到座位，马上记下来，继续用餐。

一分一秒，只做一件事，够吗？浪费的时间，后面也是要补回来的，不是吗？

现代人都在经营脸书，既然要经营，我会选择更有收获的方法来做。例如齐头齐尾的发文方式，这是为了锻炼我对文字的驾驭能力，让我在每一篇都必须填上不同的字数与字句，但依旧可以清楚传达欲表达的内容。同时也思考更多的同义字或可替换字词，且不重复语汇，通过凑字数与排列组合，间接训练脑中库存字汇，锻炼话术，这也是一心多用的实践，如此一来，花在脸书上的时间，除了单纯与网友互动，对自己来说也多了件加分的事。

一心多用让人能同时处理许多事，也是主持人在舞台上必须拥有的能力，这样才能控制场面。作为主持人，要控制时间、要发问、要延伸与面对答案、要想哏，最后还要做结语，相当耗费脑力，真的是一心N用！我常提醒自己，要比别人早一点想到接下来的动作，主持开场的同时，已在思考下一步，例如，大家笑不笑，何时cue（提示）来宾，如何制造下个高潮爆点，如何引出VCR内容较自然。其实生活也是如此，进了百货公司停车，就要观察各电梯出入口，柜位、厕所在哪层楼，算好接下来往哪走，预先想好每一步与下一步，提高效率，节省时间。

我现在又比以前更珍惜时间，由于年纪已不小了，想到时间正一点一滴流逝，会着急。但不是担心事业是否已达巅峰，而是更想探索世界。我不会去夜店消磨时间，工作结束，服务完别人后，一定要为自己做点什么，吸收，才满足。读杂志、看电影、逛展览都是我的选项，换个环境平衡娱乐圈的喧哗，也可调适压力。有效率、省时间、多充电、心多用、转情绪、聚能量、再出发，是我现在的生活节奏。

最深刻的一次是，金马五十颁奖典礼前三天，面对即将到来的红毯主持，我在短短二十四小时内来回东京进行一场减压之旅：逛没去过的新商场和文创园区，让眼前的新事物暂时取代工作压力。对我来说，二十四小时已足够我调适心情，当下，忙着消化眼前事物与食物，暂时不必聚焦在工作上，放松又能吸收新知，是充电也是转换，清空脑袋混乱的缓存，整合能量再回家上台。

如果是在台北，有半天的空档，我会规划去九到十家艺廊或巷弄小店。看展的时间可能被压缩，但看完后，满满的收获与心得将带来无比的快乐，且艺廊或小店的宁静气氛，相当美好，即使没有出游或参加Party，一样快乐且获益无穷。

每一天，都可以为下周、下个月，甚至五年后的工作与任务做准备。脑袋里累积的各种信息，比网络的大数据更重要，不是吗？更别将时间浪费在无谓的事上，例如吵架，多说无益、解释不完。当意见相左、磁场不合时，无论是在网络还是现实世界，我通常懒得笔战与口水仗，宁可维持表面和谐，但内心持续冲刺，实践给你看。用行动证明自己，事实胜于雄辩，日久见人心。用结果，让第一时间怀疑你的人改观。假若第一时间就短兵相接、互喷口水，就算吵赢了又如何？能获得什么？真能让对方尊敬与认同你吗？算了，以和为贵，然后起而行吧！

海绵吐纳
词汇练习

那一夜的人生申論題

失落的那一夜·人生的**99**道難題　　人生，哪有劇本·哪有公平，／ 欲哭無淚就豁地與你分享。

◇◇◇◇◇
2009年9月，凯特文化出版社
出版了黄子佼的新作《那一
夜的人生申论题》，图为该
书的宣传照。

为什么再忙，也要写专栏？为什么再忙，也要认真对待痞客邦和脸书的帖子？

走过旧时代，当年阅读类型多，吸收也多。没有手机、网络，联络不便，靠室内或公用电话，很累，所以喜欢也适合关上房门，独自阅读，充实而宁静。

社群网站兴起后，聊天相对容易，讨论无须门坎，讲笑话无极限，让生活有幽默，信息间交流快，火速抛接议题，似乎多了广度，却也少了厚度，更多了点疲劳，甚至缺乏求证，慢慢失去权威，意气用事延烧，逐步失去判断，热烈人云亦云，信息乱无章法。吸收是好是坏，速度是否太快，在脸书上发泄无错，但看多也伤神。

现代人处于信息发达、竞争激烈的效率时代，想突出自我，必须具备各方面的整合能力，包括语言与图像使用。在信息过剩且取得便利的前提下，若不经整合，充其量不过只是零散而无意义的拼图碎片，唯有多靠脑袋统整，加上旁征博引，不断累积知识，充实脑中资料库，才可能成为对自己有所帮助的新本事。

拼图，有一百片的，也有一千片的，一千片的当然难度超高，但最后，哪一个画面精彩？哪一个过程过瘾？你说呢？

我期许自己，每天阅读四大报，至少看一本杂志，以及听一张CD，世界宽广有趣，新专辑和复刻专辑一堆，必须天天赶进度才行，而ZINE（独立自制刊物）也深深吸引着我。虽然，非出身豪门，但在脑中世界，我可以是富豪。

我喜欢文字。这二十多年来，我写过不少歌词，出过十几本书，对每个标点符号都很介意，长期以来，也同时维持三到六个专栏。我不敢说自己写得多好，但慢慢地，也累积了数十万字的书写量。

我整合脑中一路吸收、累积的心得，写成文字，过程中反复吸收、累积、吐纳，将许多已理解的信息与议题，加以新增、运用、引申、串联，如同脑中的文件夹分类再升级。我很喜欢这个过程，感觉像存款滚复利的方式，让我的脑袋更富有。尽管实质上的稿费所得，与艺人酬劳有天壤之别，但我甘之如饴。而且，这些刊物愿意提供一块小天地给我，让我整合更多知识，发表于版面再回归自身，吸收，释放，再经过编辑台认可，比单纯在博客发表更有成就感。也因此和许多喜欢阅读的人有了心灵上的连结，无价！

目前我固定的专栏主题分为艺术、音乐、设计、影视等领域，为了努力求精确、做到最好，一千字的文章，我至少得花三个小时才能完成，其中大部分的时间都在搜集资料，包括翻书、上网，以及参考各种信息。选择要写的主题与查阅资料的过程，也让我更加认识与理解它们，并内化为脑中更深一层的养分。

以我每个月要写一篇《典藏投资》的《佼流道》专栏为例，当我写到日本艺术家田名网敬一或时尚界巨星Marc Jacobs时，即使文中只提到三句话，我还是会全盘理解包括品牌历史到设计师作品，以及与台湾的联系，甚至销售历程、近况、风格特色等等……写作时，必须打开好多窗口，一一对照、去芜存菁，才能完成一篇令人信服的文字报导。透过书写、查证，我阅读了更多的评论、介绍，写专栏更像是在练功，累吗？就算累，练好了也都是脑中的巨额存款。

　　当然，并非一直处于无利息的状态，譬如出道前后的我，已钻研音乐多年，忍不住想办一本以我自己的喜好出发的音乐杂志。当年，尖端出版社愿意投资创立《PLAY流行乐刊》，不仅让我多了些收入，甚至还有广告分红，其间，还出了两本音乐书赚得版税，这些收获，是文字带给我的，不过稿费最后当然又拿去买CD了。

　　写字，构思文章，定主题、取标题，也是训练口才的绝佳方式。这样说吧，书法要写得好，请看帖练毛笔！菜要煮得好，请一直进厨房！车要开得好，请多上路驾驶！游戏要打得好，请不断开机！过程中，要磨墨、上市场、加满油、储点数……因此，很多人问我口才怎样才会好，答案是：多写文章！

　　讲话没头没尾，或虎头蛇尾、杂乱无章的人，请多写长文章（不是脸书的轻描淡写，起码两百字以上），借由基本的起承转合训练，口才，即可派上用场。开始的引言、文章主干的陈述到转折高潮，以及完美的结尾，其结构，和精彩的演说、致词、发言，甚至一出戏剧、一场秀的结构都一样。书写的过程中，即使没有开口，亦是对脑中与手边的信息、资源重新思考、整合后再以文字呈现，并于其间细细梳理出段落层次。何不打开计算机，从脸书或博客开始，找回儿时写文章的结构与节奏，提升对文字的敏感度，等到下次再开口时，即可通顺也有逻辑。

很庆幸，对自己的一些训练，都来自兴趣。例如从小喜欢写东西，看完别人写的书后，会心痒，连武侠小说都写过。还有出道时参加选秀的表演脚本，也是靠自己整合内容与节奏。

但有些练习则是被逼的。一出道，就需要大量撰写脚本。宋少卿、刘尔金、卜学亮和我，当年组成"帅哥综艺团"后，找来电视幕后高手商台玉担任《帅哥发飙脱口秀》单元的导演，一个月四集。她当时竟大胆地要我们四人轮流，一周一人写一本，必须包含起承转合各种情节转折。我们每个人在台上各司其职。宋少卿开宗明义、刘尔金延伸话题、我负责转场铺哏，最后到阿亮，要有笑点爆点。所以脚本，必须完整写出符合四人特色的对白，基本上就是一出四名演员的舞台剧小品剧本。当时我们还要一起彩排，和商姐讨论哪里不好笑、叙事差，直到正式录像。对于一名新人来说，压力好大，但真的实战起来，获益匪浅。

后来我成为带状节目《综艺万花筒》的班底，和曹兰一星期要扮演十多种角色，挑战更大。我训练自己要在短短一分多钟内抓住角色精髓，讲出重点，并要适度引爆笑点。当时我们拿到的脚本不差，但要把它变成自己的语汇与背诵逻

辑，边录边创作，把纸上的文字全演出来，成为促使我快速
成长的一段珍贵历程。

　　海绵须经过吸收的过程，才能释放出水分。现代网络发
达，即时消息传递得更快速，但我还是最喜欢翻阅实体的报
章杂志，广泛地阅读浏览。每当我从网上媒体点入首页，多
数是在耸动的议题上打转，较有空时，我才会一一点入国
际、政治、经济、科技、体育、时尚、文化艺术等不同标
题，点进、跳出，几个循环后，累了，最后还以为已浏览很
多，却没发现接触到的是局部讯息或短新闻，甚至是旧闻，
接触层面颇受限。

　　然而报纸是实体，读者可以翻开，综观每天的每项主
题，或许不见得对头版的重大政策或杀人事件感兴趣，却也
不一定非得逐字逐条阅读每版每字。从第一页到最后一页，
即便是快速翻阅，随着眼角余光扫过，这个世界正在发生什
么，尽数进到了脑袋里暂存（需要时，再把它们叫出来）。
感兴趣的，细细阅读，其他的，翻过时，也多少留下了印
象。即使只是品牌特卖会的消息，也受用无穷，从特卖会省
下的钱，可以买好几天的报纸。

　　世界何其大，奇闻妙事何其多，花几分钟，十几块钱，
接收到的信息很可能在某场合的闲谈对话或发言里，会派上

用场。广泛地吸收，有助于奠定闲谈力与书写力，吸饱水的海绵，才有足够释放的素材，言之有物。

　　长篇文章训练铺排的逻辑能力，精简的短文则能提高对文字的敏感度，并磨炼掌控文字的能力。有一阵子我帮《Taipei Walker》写稿，他们规定一个框框内只能写一百五十字，多一个字都不行，编辑绝不会因为你要形容一块顶级牛排就多给你两个字。

　　我曾因这个严格的限制感到苦恼，毕竟要在有限字数内，完整交代自己的想法，不能多，也不能少，要刚刚好，绞尽脑汁。但从另一个角度想，编辑台的坚持，对文字撰稿者在运用词汇上，其实也是种训练。

　　故事要有精彩度，就要有点天分。文字训练没有捷径，就是习惯动笔，多写多练，熟悉文字铺陈，再从文章开始，掌握开口的叙事节奏。我在舞台上讲话时，仿佛有张纸浮现在脑海，帮助我依循脉络，从开场，到结尾，并在过程中添加有趣的佐料，从铺陈，到叙述重点，将哏烘托出来，透过一连串虚拟文字的排列组合，让我顺利开口。这种神奇的畅快感，都来自不间断的阅读与书写。

　　不少主持人都曾被批评太吵，深究原因后发现，原来被嫌吵的症结之一是：词穷，一再重复少数几个形容词，听在别人耳里，就特别吵。反之，如果你字字珠玑，即使吐出很多字符串，众人听了也可能意犹未尽，甚至为你的快嘴鼓掌。

于是我开始要求自己增加脑中的词汇量，方法之一就是如前所述，在脸书发文时，采取齐头齐尾限制字数的模式，强迫自己在一定的字数内表达完整的意思，让自己非得在此限制中转换不同词汇。例如形容一朵花，要用几个字？美、漂亮、超鲜艳、花团锦簇，都可以，但若该篇的设定字数不够，即以一到四个同义词进行代换。这种自我训练帮助很大，激发脑力，无形间在脑中植入了更多的形容词，未来在舞台上，随时都可派上用场，避免词穷。

我很早就开始经营官方网站，后来开了博客和微博，以及每天更新的私人脸书，直到2015年才开设粉丝专页，而且更新得很勤。因为我觉得，开了就要动，不然干吗开账号？

既然每天都要贴图发文，分享人生观、工作活动、展览资讯、生活点滴，那么，传图的几秒钟里，我要好好锻炼文字语汇的替换力，一石二鸟，让时间更超值。有人说这样发文反而慢，其实我持续这样做很久了，或许比随意打一篇文字慢了一点，但也没慢到哪里，重点是脑子可以多动，同时获得语汇加值效果，无可取代！很自虐，但过瘾。

你也可以试试看，在例行事情上，增加难度，给自己一

点挑战，时时有进步的感觉，很不错，别辜负老天给我们的
清晰头脑与健康身心！

2015年9月17日，黄子佼赴台北敦化小学，和萧敬腾、李涛、"左左右右"、王大文出席《谢谢老师》尊师歌曲发表记者会。

2015年11月26日，认识27年的黄子佼和苏有朋，在GQ论坛上分享彼此的成长心路。

2014年11月3日，黄子佼出席香港迪士尼摄影展记者会，他戴上米奇耳朵卖萌扮可爱，并在会场中介绍这次参赛的摄影作品。

2014年8月7日，"全民祈福·天佑台湾·高雄再起"赈灾募款晚会，由台湾艺人张菲、沈春华、黄子佼、胡瓜、谢震武轮番上阵担任主持，图为胡瓜与黄子佼。

2016年6月18日，金曲音乐节讲座，林俊杰、黄子佼出席。

海绵须经过吸收的过程，才能释放出水分。世界何其大，奇闻妙事何其多，花几分钟，接收到的信息很可能在某场合的闲谈对话或发言里，会派上用场。

◇◇◇◇◇◇◇◇◇◇◇◇◇◇◇◇◇◇◇◇◇◇

善用网络
善耕人生

13

　　我曾写过一篇公益短文《看不见的一把伞》，是为一家文创厂商举办的义卖活动而写的，却也是我对网络世界有感而发的真实心情：

　　在网络的时代，常常有很多正负能量，不分来自何方，二十四小时随时冲撞着。有时，擦出很有意义的天光，有时，却也擦出意外的闪电。而我，很幸福也很幸运，总在脸书上，看到许多为我鼓励打气的网友，他们像是温暖的阳光，也像是为我遮雨的大伞，而他们，多数不是我真实世界里的朋友，却用力地支持我，让我有继续努力的动力，是我工作之余，上

网放松的时刻里，不可或缺的伞，而且，不只一把。谢谢各
位！让我们一起用更多正能量，当其他人的伞，风雨无阻！

网络，让人又爱又怕。怕什么？批评的声音？有啥好担
心的，那些超强的优秀巨星，都有人骂，我们小人物，还怕
被骂吗？网络之前人人平等，谁都可随意发言，是新时代的
发泄渠道，但自己，要有选择与辨识的能力，为鼓舞你的网
友加油，一起在网络，发挥正面的分享与能量。

我从很早以前就开始使用计算机，古老的286黑白计算
机、更早以前的文字处理机，都用过。当时网络不算发达，
信息不是太多，但我对网络很着迷，想要更深入了解，还曾
自己建设官网上传档案。不过我毕竟非专业人士，网站建得
并不完美，但也从这个经验对程序有了基本的认识。

我是个喜欢尝鲜的人，当市场上出现吸引我的设计或酷
炫产品时，能力范围内，我几乎都想要立即拥有与体验。当
然，也因为有工作上的理由，很怕落后，一定要跟上时代脚
步，走在观众前面，才有资格回头导览各位。

后来，网站开始发达，竞标平台兴起，我有一阵子很
迷美国eBay和日本Yahoo。拍卖，付费刷卡机让人很有安全
感，于是常逛卖场，收藏品增加很快。即使过程中有很多是

买不起也用不到的，浏览时也增广了见闻，开了眼界，例如极喜欢的潮牌，竟出过令人垂涎的联名秒杀商品。LV的VIP赠品中，竟有筷子、骰子与蜡烛。

网络，不只是shopping天堂，也绝对是吸收信息的平台。我爱出门闲逛，但不一定是为了购物，看看艺廊、逛逛百货、瞄瞄市集，都是眼见为凭的吸收机会。从商品到店家，只要我感兴趣，都会尽力接近，未必花钱，却赚到了很多对流行事物或创意商品的灵感与心得。而眼前的事物，看得到、摸得到、闻得到，相较于网络图片，又是另一道风景。

网络时代，资源比以前好用太多了。对音乐有兴趣，不必像从前的我，买机票飞去日本买一张一千元台币的专辑，网络上，到处有免费音乐，也可以付费下载新歌，全世界随你听。即使是KKBOX上网听音乐的月费，都不及买一张日本CD的价格。省钱、省力、省事，网络时代，让我很嫉妒。

但我也不后悔，那些走过的路。挖宝的过程中，接触大大小小各种风格的唱片行，从公寓楼上到涩谷整栋复合式唱片行，间接吸收了不少东西。矛盾吧？我喜欢网购的便利（日本HMV唱片行网络商店，省下我带着走的力气，却不知赚走我多少买CD和公仔的费用），相对地，剥夺了逛街的乐趣。当你用余光扫视实体店面时，常会不小心看到角落一隅有新人的免费试听CD，或另一头有扭蛋可以转，这些乐子，只有在实体世界感受得到。

网络也带来生活、信息上的便利，我除了浏览新闻、通讯软件、社群媒体外，最常用的就是查证数据。准备每个工作，我都会大量使用网络来核查数据的正确性，对我而言，主持人是否具备公信力相当重要，其重要性甚至超越幽默感。因为幽默感多数是天生的，也未必是观众或客户非要不可的条件，但每个人都有查数据的能力，只要你愿意用心，人人都能获得掌声！而且幽默感对于每个观众的定义都不同，但正确的数据，答案只有一个。查证了，从口中讲出来，才不心虚；公信力，建立了，是偷不走的资产！

吊诡的是，如今网络已是最快速便利的媒介，却也成为最易误导众人的平台。例如3C，是发明来解决众人的问题，而非制造更多问题。网络信息很多很快，但不少是以讹传讹、错误百出，例如我们常参考的维基百科，由于任何人都可以编辑内容，所以绝不能全盘采信。我的习惯是一定要多方比对，多查几个可靠的来源才定案，无论是私人博客还是官方网站，绝对再三确认无误，才会发布。不能以为网站上的内容就一定是正确的，否则容易张冠李戴，被误导而不自知。

工作时看脚本，发现其中有编剧把维基百科复制贴上的内容拿来用，难免。维基当然有其参考价值，而且每个人都一样，不可能经历过所有事，有时也只能用这样简单的方式处理。不过俗话说："尽信书不如无书。"此时我会发挥福尔摩斯的精神，以过去读到的报章杂志为参考，找出当中可能的疑点，进而透过其他网站求证，不让这盘用维基炒出来的菜真的变成"危机百颗"。

网络资料固然重要，可以当锅底，但平日的阅读吸收才是料，也很重要。例如报纸不能只看一家的，避免观点太单一，必须多方吸收，才可能拼凑出接近事实的真相。好比脸书，如果只追踪最爱的五个人，每天吸收他们的观点与分享，他偏激你也激动，他忧伤你也哀愁，他崩溃你也放弃，他写错你还当真……这样才是真的危险。

多看报章杂志，每一天或每一本，都有练就不同武功的笔者于其中撰稿，还有编辑把关。虽不是绝对客观，但起码会有超过五个人的主张与分析，而这当中的文笔与观点，或多或少能带给你不一样的视野与收获，让脑中盛装的信息不会太过狭隘、偏颇与单一。

人难免主观，从脸书到报纸，从杂志到博客，如果你所吸纳的渠道过于单一，营养成分就不够多，而从你自身所拼

凑组合出的见解，不过只是复制了别人的理念，难以客观，
也离事实更遥远。

有一回录《全球中文音乐榜上榜》，做歌坛实力派的经
典姐姐类歌手专题，当中包括彭佳慧、孙燕姿、林晓培和梁
静茹等人，年纪都差不多在四十上下。由于脚本没有太大问
题，只是起承转合上有些天马行空，我就在后台开始用手机
查资料，发现她们之间除了年纪接近，还有更有意思的关联
性。于是意外排出了前后接棒走红的顺序，更具体的脚本逻
辑就此浮现。

主持2014年第五十一届金马奖前，我花了大把时间在资
料查证上。举个例子，我和Ella在开场脱口秀时，想从入围
者中联想出共通点，不夸张地说，查到手指都快抽筋了。最
后总算让我们整合出许多意外的信息：入围最佳女配角的郎
祖筠和最佳音效的杜笃之同一天生日。但我不是很放心，经
过再三求证才正式放进脚本里，而两位当事人当晚都露出了
惊讶的表情。通过制造新的联系，达到惊喜效果，宾主尽
欢。至于提到张震的台词，脚本上写《牯岭街少年杀人事
件》是他的第一部电影，结果一查，发现可能是，又可能不
是，因为他在四岁时，曾经客串其他电影。所以该片只能说
是他"主演"的第一部，绝不能说是"人生"的第一部。

用功的孩子总是讨喜。如果我随便就过了自己这关，铁定会有影痴级前辈老学究吐槽，或艺人本人心里会偷笑。比起马虎行事，不如养成习惯，反复而大量查询，而随时随地无所不在的网络，就是现代人的好帮手。

社群媒体兴起后，我也用博客、脸书持续增加知识、累积文章、结交朋友，真好用。但即使社群网站再多，我也离不开博客文化，例如痞客邦，可以放大量图片，而且文件名上传后可直接当图说，不用再一一补上，很方便；还有网志，比起脸书发的图文稍纵即逝，查阅不易，网志方便多了。当中部分文章也具功能性，例如把住过饭店的图文放上去，并给予几颗星评价。由于我很怕住宿踩到地雷，写下博客文章，一目了然，还可随时查阅，提醒自己，若碰上友人刚好要去，还可提供对方一些建议。

我也写电影、艺术类的文章，累积看片看展的短评、心得。尤其艺术博览会，每次都拍了数十张到数百张相片，一本一本相册排列下来，让无法到场的朋友可随时翻阅，很方便。当然还有自己多年来在演艺、文创工作上的各种记录与履历，以及写过的专栏，这都在博客中尽数复刻重现，让过期生活中的图文，不随过期而消失。而这些累积，并不那么适合放在脸书上。

　　大家已太习惯短文，但对我而言，有些事不是做给他人看的，自己适时整顿好一切，未来可回忆，随时可查阅，也可能造福有心人。譬如当有媒体要采访我，可以先在网志看我的履历与近况，帮助他做点功课；事后，如需要我过去的各类工作照或艺术创作侧拍，也可以直接到博客相册里挑选，早就准备好在那。或是参加活动，对方若需要我的创作履历表，也可查看我的网志，直接挑选我已整理好的内容。因为，演艺类的履历到处可查，但文创类的履历，没有人可以帮我打点，只有自己来，最清楚，也绝对比维基百科正确完整。所以，博客千万别消失啊！每一次繁琐的更新，都可换来下一回的事半功倍。

　　无论工作多忙，博客都是由我自己更新图文，一来工作伙伴需要休息，二来只有自己最了解自己。包括脸书也是，都自己来，每天抽时间分享工作记录或心得，也像日记或联络簿，不必假手他人。

　　脸书是个人的言论基地、新闻中心与编辑台，是自己的地盘，爱怎么写就怎么写。然而网络霸凌的现象越来越严重，使用虚拟身份随意谩骂的负面运用，令人遗憾。脸书没有错，只看人们怎么使用。用对了，巩固人脉、抒发心情，甚至创造商机与人气；用错了，无底深渊的负面循环，实在可惜。

我是人，也会负面思考，但因为珍惜属于自己的脸书平台，即使有事忍不住发泄，三小时内，自己消化完毕或受到大家鼓励后，我就会将这些负面文字从版面上删除。事过境迁，已不能改变或影响什么，继续留在那里有什么意义呢？何不昂首向前？何必让版面上的负面文字，让身边人与粉丝担心和不开心呢？所以我的脸书上，无论私人还是粉专，尽量严选正面且有意义的信息，若他人的言论太偏激或太情绪化，我也会取消追踪，毕竟充满负能量或观念偏颇的文字，看了多少会影响心情，我宁可选择不看。但别担心我隐恶扬善，不要忘了，我会看四大报与新闻台，我相信各种媒体早已层层把关，然后汇入我脑袋所整合出的内容，应该会更理性，观点也相对客观。

参加座谈演讲时，我常告诉大家，现在人人是媒体，除非你的脸书永远只设定自己观看，否则一旦贴出去，只要有一个人看到，那就是自媒体而非自家卧室了。接着一传十、十传百，分享、截图，损益有大有小。因此，若能多将正面的心得贴在脸书上，描述你的学习与吸收，让这个平台不仅对你，对别人也更有意义，带动脸书朋友，互相获取新知，分享正向讯息，何乐而不为？

我常说脸书已成为现代人的履历，是生活的展现，也是塑造自我形象的舞台。想变成什么样貌，不需凭传统媒体记者之手，也不需靠他人为你立传，自己来。多一点正向的吸收与分享，或许这份在你个人形象履历上的正面力量，总有一天能够派上用场。例如A喜欢艺文，也爱分享趣味图文，同时也转贴施振荣先生的奋斗故事和小提琴家曾宇谦的得奖新闻；而B每篇都在抱怨，分享不知所以的恶搞内容，喷口水讦谯一切时事，但从不试图改变自己、改变周遭，发泄无极限。我相信，这两人若同时应征同一份工作，公司即可从其谈吐间窥得些端倪，因为脸书就反映了你自己，而这给人的印象分数，已高下立判。

网络时代，每个现代人，只要公开脸书或博客，就成了公众人物，所以不只政治人物、名人、艺人，每个现身于社群媒体上的人，都可能面对酸民血淋淋的抨击。从Newsgroup（编按：类似讨论区，为网民交流意见的平台）时代，这些我都经历过，甚至我已敏感到路人迎面走来，就能判别他对我是喜欢、无感，还是讨厌。

想开点儿，人生在世，差别在范围大小而已。例如校园、办公室或演艺圈，每个人同样可能面对上述三种人，更何况是无远弗届的社群网络？喜欢你的，贴什么都一呼百应，也有不小心路过飘过，就随便点个赞。而对所谓的酸民则不必太在意，有建设性的意见可参考，但他们通常不见得有针对性，多半是看不顺眼就酸一笔，不一定绝对冲着谁。为了发泄而发泄，或只是人类好事的毛病，司空见惯，如果为此大钻牛角尖，何苦呢？

好恶之间自己拿捏，莫因恶而怒，忘了另一边的好。更何况，还有更多尚无定见的人在等你征服。抑或是，努力经营，把恶变好，有挑战性，心态更积极，未来也出现新目标。

社群网络，是好用工具，是实用平台，然一体两面，除非你关掉它，否则一定需要面对许多纷扰。网络将全世界带到你眼前，反之，你也得将自己展现在全世界面前。但别忘了，你可以选择善用，以你选的方式，塑造自己，进而达成你想追求的目的。

我曾经历一段新闻事件，是很忧郁的时期，最明显的症状是会不自觉咬紧牙根。胡思乱想又百无聊赖的滋味真的很可怕，我像患了被害妄想症，过分在意别人的眼光，也质疑他们的出发点，只好把自己关在家里。其实自己并非那么伟大，也不是所有人都盯着你的一举一动，只有自己最在乎自己的新闻，而世界依旧继续运转。但我却放大了那块阴暗面，忽略了关心我、爱我的人，甚至放弃了可能还在期待我的人。

以为被批评，是常态，也是唯一的世界观，最后自暴自弃。殊不知，不喜欢你的，不会是全部；喜欢你的，也还在，只是变少；无感的，则根本懒得在意你，但我却把这些假想的批评群众，照单全收。

一旦自己状况不好，相由心生，连喜欢你和对你无感的两种人，都可能被你吓跑。我，就为了想象中"每个人都不喜欢我"一句话，把自己封闭起来，这毫无前景可言。而事实证明，当你拥抱世界时，世界也才可能拥抱你，若把自己藏起来，世界想拥抱你，找都找不到人。

幸而当时阴错阳差养了狗，为了妥善照顾这个生命，意外地帮助我走出来。而和朋友的一席对话，也让我顿悟，朋友说："本土剧八点档好红，收视率超高，可是我们都没有关注这出戏，一集都没看过。"

没错，分众时代来临，红，可能只红在一类的群众里。不过本土剧的营收还是不错，只要好好经营，力量不容小觑！例如台中饶舌团体911，要不是因为主持了《网络温度计》，我这个资深DJ可能至今还不认识这个网络人气嘻哈新天团呢。汗颜，毕竟他们并没有预算给电台DJ公关的CD吧？而刚好他们没参与任何奖项，主流媒体没出现任何报导，博客也没把他们的CD放首页，这些我平时获取音乐讯息的管道都不通，而让我错过了他们。但或许他们也并不在意。只要

努力，自有一片天，可喜可贺！商演人气爆满，也就够啦，
何必非要知音满天下？搞不好，未来的他们，真的粉丝满天
下。当年范晓萱出片时有句文案"我小众，不代表我不存
在"带给我很多省思，甚至激励了当年的我。当我做文创类
节目时，立志推广台湾创作人，我便说："我存在，所以他
们不小众。"

　　为自己值得奋斗的事拼搏，遇上的大小问题或闲言闲
语，随缘吧！因为，只有存在，才有机会；有了机会，就可
能被看见！

　　人言可畏，面对时，选择在一念之间。我们无从控制别
人的好恶，所以再怎么在乎也无法改变，不如改变自己。尽
力报答友善的人，慢慢拉拢无感路人，再努力征服所有人，
才是王道。一个微笑带过，也就波澜不兴了。

人难免主观，从脸书到报纸，从杂志到博客，如果你所吸纳的渠道过于单一，营养成分就不够多，而从你自身所拼凑组合出的见解，不过只是复制了别人的理念，难以客观，也离事实更遥远。

◇◇◇◇◇◇◇◇◇◇◇◇◇◇◇◇◇◇◇◇

CHAPTER

敌人贵人
一体两面

14

2016年5月13日，林心如与杨祐宁来到黄子佼的节目《佼心食堂》，宣传新电影《魔宫魅影》。

第二十六届金曲奖，韦礼安以《有所畏》勇夺最佳作曲人奖，他在台上感谢那些曾经批评他"写的歌没几首能听"，一路唱衰他的人，他说："可能你的批评没有成就你，但是它却成就了我。"更早之前2007年，蔡依林在第十八届金曲奖颁奖典礼上，获颁最佳国语女歌手奖时，也以"谢谢曾经看轻我的人，谢谢你们给我很大的打击，让我一直很努力。"短短几句话，赢得无数掌声。

蔡依林和韦礼安的例子，是我最喜欢也最欣赏的，一肩担起委屈，不回击、不暴走，但卯足劲，努力坚持、等待运气，实际做给你看，回击不看好自己的人。

他们用时间证明实力，而非挑衅回击，引起风波与口水。这样的人将吸引更多贵人，再一步一步，温和而坚毅地走向荣耀。

将负面能量，转为自己向上跃起的动力，值得喝彩学习。况且，为讨厌你的人动怒，骂两声，是很爽，但你的口舌之快，不也变成和他们一样的风格了吗？不如潜心、卖力征服他们，那种卧薪尝胆、勾践复国的痛快，相信我，比当下随之起舞骂两声，爽上N倍！

在竞争激烈、生态复杂的演艺圈，我看过无数星海浮沉，人情冷暖过尽千帆，明白了谁也不可能讨好所有人，没有十全十美的人与事，即使是无敌巨星也不可能毫无瑕疵，再大牌的巨星都有老死不相往来的敌人，没有谁是绝对的人缘百分百，这就是江湖。

例如，当我在台上主持时，一转头，竟惊讶地发现，连自己都非常喜欢的、形象与歌艺俱佳的人气歌手，台下仍有听众投以极度木然的眼光，完全不屑、不投入。所以，还在意什么呢？不论做到什么程度，都无法赢得所有人的笑声、掌声与认同，到头来，尽力而为就够了。

2010年，我和张宇兴冲冲接下壹电视节目《壹级娱乐》。企划阶段，壹传媒创办人突然把我叫去办公室，一开口就把我批评得一文不值，大意是："你的演艺事业完了，观众不看你，这次做不起来，就无望了，这是你的最后机会！"那一刻，我有多难熬？面对一连串的批评与全盘否定，我非常难过，也心生不满，毕竟你从香港来，是否了解我和台湾的市场？知道我的资历吗？我虽是你聘请的主持人，但也有哈日、潮流教主的身份，电台也稳定经营多年，你知道吗？无望？完蛋？起不来了？

幸好，我是乐观又理性的人，当时虽带点迟疑与闷闷不乐地离开他的办公室，强颜欢笑地和同仁道别，搭车离开，但我并未因此上网或向友人抱怨诉苦，而是立刻开始思考、分析他为什么要打击我，觉得我差，何苦要付我主持费来做开台黄金时段的直播节目？还是激将法，故意这么说，激发我的潜能？不是看不起我，但要将我的自信打到谷底，浴火重生？要我不要因过去自满，未来才可以更好，而故意诋毁我，以开发更大的进步空间？当然，我是到谷底了，但真的起不来了吗？脑中涌现无数问号。

除了胡乱揣测，我也询问曾为这位老板工作的挚友意见。朋友表示这是他的一贯作风，再好的人他也会先打压，不必太在意。但我真的可以完全不在意吗？会不会是好友知道我受伤了，所以故意替这位老板粉饰太平，而开口安慰？

无论如何，这位老板的打击确实激励了我。我早已不是那种杯弓蛇影的人，我不会当场反击，也不会让媒体帮我申诉，更不想上网开骂发泄，我看过太多人受不了被讦谯，大力反击，怒火冲天，炮火四射，失控后，乍看获得减压，日后却一蹶不振，人人避之唯恐不及。

尽管我当时很想反扑，但经过沉淀与几番纠结后，我选择努力到最后一刻。妙的是，这位老板在打击我之后的每一次互动，都表现得意外地友善，有一次甚至传简讯称赞我有很多创新想法，不如来做电视台总监……他前后不同的态度，让我有点儿无所适从，这是同一个人吗？但我也因此备受感动，看来我慢慢征服他了。我同时也明白，他应该是刀子嘴豆腐心。人真的不能太冲动，或许他把我臭骂一顿时，说不定只是刚好碰上他心情不好，借机找我出气。如果我当场请辞不干，岂不是跟钱过不去？而且最后也无法获得他的认同，徒留赌气的背影，多冤？

别人对你的不认同与否定有各种可能，但终究要回归到自己的判断，因为只有自己最了解自己的对错与能耐。当然，自尊心太强的人可能当场硬碰硬，再拍拍屁股走人，喊声我不做了，然后心里觉得自己好酷。这就是做自己吗？但老实说，局面搞僵了，撕破脸，好吗？地盘拱手让人，机会丢了，值吗？

古人说，"退一步海阔天空"，"吃得苦中苦，方为人上人"，我相信有其哲理。但以前的我也会这样，年轻气盛转身离开某电视台，自以为是，搞得里外不是人，当下觉得出了口气，事后却更加落寞。我就是从过去的少不更事，边走边学习过来的。经历累积越久，才更能屈能伸，这不是孬，是忍。不意气用事，只拼出成绩，用未来证明自己。

敌人可能是你的贵人，要理性分析情势与对手，同时压抑心中的不痛快。但请记住："如果将敌人真的当成了敌人，那就是开战时刻了，你的弹药够吗？"

我与知名制作人薛圣棻合作多次，前几年的周日节目《红白红白我胜利》虽然曾让我在2013年和小燕姐拿了金钟奖，但播出当时，其实已出现疲态，必须转型，甚至连改了两种版本。

第一次改版《综艺十八班》，原先的另一名主持人先被牺牲，但效果还是不好；第二次改版《百万大明星》，突然告知我，海选时不设主持人，小燕姐是评审长，我被安排在小小外场，访问家人。我心想，这样的工作内容，不是刚出道的新人做的事吗？篇幅不长，但时间耗费长，做起来没什么成就感，没劲。尽管那时也不是太忙，但还是觉得闷，于是决定请辞。那个晚上，我甚至赌气，拒接制作人薛哥的电话，他改用脸书发信息，怕彼此有误会，也担心我不开心，

毕竟是合作多年的战友。但我当时已在思考下一步，是不是
继续意气用事下去。这将少一个尊敬的前辈，也同时失去一
个舞台，即使只是一个外场后台。

我挣扎了很久，帮过我很多的薛哥最后对我晓以大义，
并举很多国外节目的例子，让我知道外场的重要性。他
EQ极高，也很敏感，懂我在犹豫什么，但他并不会因此给
我讲大道理，而是循循善诱。他从不是我的敌人，多年前更
是我的贵人，加上其团队运作上有其专业判断，也有很棒的
SOP，所以我决定放下负面思维，一起努力做完节目，把外
场小地盘当成大舞台，很卖力。

没想到海选做完进入复赛时，我再度被他提拔，回到摄
影棚里担纲主持复赛决赛。直到现在，我们仍持续合作同一
时段的《我要当歌手》，一起在周日八点，等于接连经营了
四个节目。试想，如果当时闹翻了，我将没有机会从外场回
到八点档大舞台，而来年入围与得奖，大家也只能尴尬聚
首，《我要当歌手》则让我入围2014年主持人奖。

牵一发动而全身，天堂地狱一线之隔。感谢他在这个过
程中，曾找我认真讨论主持时的优缺点，例如在后台访问不
够温暖；当评审时，犀利却不圆融。当然他不像壹传媒老板
那般的态度，但如果我一律把这些直言视为敌人，消极地让
坏情绪压过一切，相信我的坏口碑，也会在业界传开，舞台

一定会越来越小。

这几年，经历各种状况，人生像跷跷板忽高忽低。我持续动脑，但嘴与脚步都放慢了，细细体会一切，再一步步找回节奏与机会，站上各种舞台。其中的省思与领悟，是这本书诞生的意义。

遇到任何状况，保持理性的态度，心中同时要有过滤机制，就像计算机装防病毒软件一样，过滤病毒，留下有用的档案与程序。偏激、不理性的木马攻击请直接隔离删除，留下有建设性的部分。面对别人的无理批评，我也会告诉自己，水清则无鱼，或许我有让他羡慕或嫉妒的地方，才会引起关注及被评论，这总比被当透明人好吧？有一阵子，我在演艺圈，就像透明的，不是吗？

无论做任何事，我都会尽力让大众信服，即使做不到，也因尽力而无愧于心。奋斗的过程中，将敌意转为动力，绝对会有收获，对自己来说，这样就已足够。

当我们拥有贵人，也该多多当别人的贵人。能帮助别人，就尽量做。我的好朋友卜学亮在五十大寿生日宴时，再度提起过去我曾帮过他的往事，例如他当兵回来，我陪他一起上通告回温；上节目时，我会推他上场、给他做铺垫等等……其实那些往事，我早就忘了，而且不足挂齿，但他总是一提再提，让我也挺感动的。

我们一定要记得别人对我们的好，努力帮助别人，而不是一直记住对谁好过，或等谁回报，更不要惦记别人怎么伤害我，思索着如何报复别人。冤冤相报何时了？多记住恩人，少记住仇人。

在艺术圈里，我会以实际行动支持。策展时，我用母鸡带小鸡的方式，邀请一线大牌艺术家，同时，置入多位二线艺术家甚至三线艺术家，让艺术圈新人有机会浮上台面让大家看见，活水源源不绝，产业才能蓬勃发展。如果我现在有预算收藏一幅珍贵的草间弥生百万画作，而这笔预算亦可收藏二十至一百位新秀艺术家的作品，那我会选择那二十至一百位，因为我希望能支持更多的新生代。

新秀艺术家的作品，有的数千，有的数万，定价不等。我的方式是，每位新秀艺术家的作品，不会购入超过两件以上，好让有限的收藏预算可做最广泛的支持。而让我相当意外的是，我竟然买到很多艺术家的第一次！例如赖雅琦第一个售出的作品就是我的收藏，完全是巧合，我只是随喜好挑选艺术品，但她极为感动，我也从她喜悦的笑容中获得力量。更重要的是，她持续努力创作，获得更多的掌声与销售机会。是否我当年，曾带给她一股往前的力量？其实，当这些新秀受伤个几次，卖不出画后，往往会失去热情，舍弃艺术转行。但放下天分，多可惜？

看到艺术新人创作初期的艰辛，我很乐意购藏他们的作品。至于未来会不会增值，这不是我的目的，我投资的，是继续创作的热情，我真心喜欢他们的作品，更乐于给予掌声。

某日遇到一位商场前辈，她看到我对艺术的投入非常感动，但她自己也很热情，2004年，奈良美智来台北当代艺术馆参加虚拟的爱联展，就是她出手赞助，当时更制作出质感极佳的与公益相关的商品，价位公道，蔚为佳话，照理说她的力量更大。但她说："我们是幕后的，人微言轻，你们是公众人物，在收藏界，当艺术品被你们收藏，对艺术家的背书意义是很大的，如同履历一般。"她一席话，让我觉得自己有着某种责任，要更努力。

这些年轻艺术家都很细腻感性，例如刘芸柔、叶志航等人，还随画送来手绘小卡片（不就等于我又有了另一张小画？）上头写了满满的感谢，非常贴心，但其实当时我买作品，一件只花了我一千元。正面能量的传递与互动，让我更朝正向思考，行事作风也越来越上轨道。希望我小小的支持，成为这些才子才女持续走在艺术道路的力量。

佼佼
之道

　　让我们远离敌人的攻击，自己也不要当别人的敌人；让我们感谢贵人的扶持，自己也执着于做别人的贵人！

15

舞台花絮
惊险万分

◇◇◇◇◇
2015年3月25日，2015QQ音乐年度盛典在深圳举行。阿雅与黄子佼共同担任盛典主持。

　　很多年轻朋友，为了学校的毕业典礼或公司的联谊活动，到我的博客和脸书询问："如何做好一名主持人？"我不敢说我懂，但这个问题也不容易回答，简单说："见人说人话，见鬼说鬼话"应该是个还不错的搞笑答案。再进一步的话，我会说："诚恳面对，投入好奇，都比一直搞笑、想哏更重要。"主持一场活动或典礼，人事时地物，要先掌握好，再做点功课、准备一些哏、该背的背好，剩下就靠上台随机应变、临场发挥，并祈祷天时地利人合统统齐备。

　　按我的经验法则来看，舞台上的"墨菲定律"天天在发生，不论事前准备得多充分，无法掌握的突发状况总会出现，那才是真正的难题。临机解决问题，再带起气氛，在混乱中保持沉着冷静，务求达到这场秀原先设定的目的，才算完成任务。主持人不是背好脚本讲完该讲的话就可以了，眼观四路、耳听八方之外，脑子还要不停运转。例如，问题抛出去后，来宾会怎么回？又该如何衔接？丢出笑点后，台下没反应怎么办？不能慌，冷静以对。就算慌，也不能被看出来。再假设，重头戏主角突然迟到了，该如何化解燃眉之急？

2015年KKBOX数字音乐风云榜颁奖典礼敲定张学友到场演唱，对主办单位来说，有歌神加盟，这场秀已经吃了定心丸。前一晚，张学友的确到场彩排，不料却告知制作人，身体微恙，可能隔日无法完美开唱，他也试图选唱另一首难度稍微没那么高的曲子，让乐手们连夜练习。

隔天开演前三小时，我抵达小巨蛋后台化妆，制作人告知张学友喉咙状况不好的可怕消息。力求完美的他觉得状况不佳，竟然考虑不出席，或是选择只引言不唱歌、改曲目等方式，于是这三小时持续在协调沟通中度过。不同的状况会导致话术上的变动，来了不唱，怎么介绍？来了可以唱，唱什么？不来，怎么交代？就在这变数中，等待倒计时。

终于，张学友到了，决定还是上台演唱，这对我及主办单位而言，真是松了好大一口气。我去他的休息室关心他的状况，应该没问题，也特别谢谢巨星的帮忙。记得中学时，我是他的铁粉，墙上还会挂他的唱片海报呢！没料到后来可以一再同台，主持记者会、电影活动等等，合作次数非常多。更因他与哈林的交情，让我们在《超级星期天》屡屡共同演出，一起扮猪演的短剧《三只小猪》更是经典，还一起唱跳《头发乱了》，相当难得，也一点一滴建立了彼此的交情与信任。

表演结束后，广告时间，要访问他，我趁机观察张学友的心情，他如果感冒又心情不佳，那见好就收不要踩底线，如果心情好的话，说不定可以加码，多唱点歌。于是我大胆问他2014年底一个关于他的小话题："二姐的《家后》练好了没有？"没想到他好给面子，二话不说，开口清唱一段，现场嗨翻，也成了媒体焦点，完美收场。上述状况看似一气呵成，殊不知背后是由一连串兵荒马乱所组成的。

透过观察，判断你的下一步，才能在台上掌握气氛。所以类似的状况，起码有两种出发点：一是开放式的问句，询问对方练好没？如果他不愿意开口，也可以马上转换话题，不会陷入僵局；另一种聊天法，是直截了当地说，听说你练好了。两种方法都可使用，要看对方的脸色与状态，同时也要判断交情，到底适不适合提出这样的加码要求。有的人，没搞懂辈分与亲疏，不管三七二十一，对不同的人提出许多请求，风险不小，不仅让经纪人生气，艺人也不高兴，粉丝看在眼里或许也会觉得怪。这种观察与判断，有点复杂，存乎一念几秒间，必须建立在互相信任的基础上，以及过去的累积。

《刺陵》北京首映会，台下坐了一位大腕陈道明，我的大陆经纪人告诉我，大腕就是大腕，连坐姿都很随性，更不要说上台互动了。我知道她在帮我打预防针，怕我稍后受挫。他在等待上台时，紧绷着张脸，看起来很有性格，等到我把他请上台了，他却笑脸盈盈，让我受宠若惊，还偷偷告诉我一些事，解答了我的疑虑，大意是："幸会幸会，以前家里装小卫星，看了很多你的节目呢！"原来，过去的努力，此刻发挥了作用，拉近了距离，化解了陌生，融化了严肃，搭起了桥梁。所以，每刻每秒，一举手一投足，怎能不努力？每一分付出，随时派得上用场。

我的采访对象，从李安到金秀贤、从李昌钰到王大陆……每次都让我不断换位思考：他们上节目是什么心情？有哪些期待？什么不能提？什么是观众需求的？要兼顾粉丝、贵宾、唱片公司、路人、电影公司和媒体的需求和立场，有多难？只能将心比心，尽力做到宾主尽欢。

我常觉得主持人很像心理医生，病人踏进来的那一刻，就开始揣摩他的心情，又不能被外表误导，例如酷、语塞、心情不好常会混淆不清。谢霆锋永远都很酷，不代表他心情不好；古天乐也酷。其实是国语不好，所以语塞；认识陈冠希很久了，他很重义气，但在台上就是看似漫不经心。

来宾，是像他表面上看来那么酷？还是内心澎湃？甚至，很渴望被开玩笑？想成为台上焦点？观察来宾当下的心情，设想对方可能抱持的心态，随时机警留意每个人的情绪变化，才能采取适当的方式应变。但若不慎解读错误，轻则可以火速转移话题带过，重则结下梁子眼不见为净。

《风中家族》电影首映，杨祐宁和郭采洁的再度同台，成了焦点，虽然电影公司不希望电影宣传失去焦点，但也理解这状况，因为无法避免。反正这并非伤天害理的事，男女感情分合亦非坏事，而且至少有话题上得了版面。

首映会开始前，我被各方人马交代，把两人隔开，不能站在一起。当天下午我和郭采洁、柯佳嬿做过一场访问，大致知道郭采洁的心情不错，应该可以经得起话术发挥。杨祐宁呢？在首映前完全没机会碰到他，无从获知底线，只能临场发挥、且战且走。

佼佼之道

　　终于，郭采洁出场完毕，站定位，接下来杨祐宁出场。我先丢出了一个信号弹，小小测试一下："欢迎祐祐，嗯？你想站哪里，自己看着办啰！"他与大家都露出了笑容，气氛轻松，然后我快速出手处理后续："来啦，站我旁边比较适合。"媒体与观众觉得逗，发出开怀的笑声，也让台上演员更感自在，毕竟当事人都懂，意思也到了，如此配合后，后面还可打蛇随棍上，延伸发挥，让气氛达到顶点，目的达成！

　　后来我问杨祐宁，票房破亿的话要不要在威秀（影城）重现洗澡画面或复合？二选一！到这里，效果随着当时新闻关键词出现，目的已到位，不再咄咄逼人，改采用哀兵姿态才有退场机会，于是我说："你知道，我也是被交代的（媒体需要），不好意思啦！"坦白从宽，伸手不打笑脸人，是古人明训。

　　拍照后，准备联访前，杨祐宁从后台走回侧台，郭采洁竟被簇拥着，紧跟在他后面。我在台上看到，马上跑去把杨祐宁先引开，否则若被拍到，就会出现两人一前一后"在一起"的照片，这是我们整晚都在防堵的事，包括联访时，中间也必须夹着导演！我不希望到最后功亏一篑，雷达持续全开。

　　事后，杨祐宁和经纪人特地来谢谢我，让我很暖心，毕

竟，大家都是圈子里的内行人，更是明理人，知道各有立场
与需求，互相配合，皆大欢喜。舞台上这场秀，有你也有
我，我们根本是生命共同体，谁不好，一起难看，彼此没面
子，何苦？而如果彼此信任，再尴尬的场面都可以变得有
趣！

　　主持人像雷达不停侦测，在零点几秒中，察言观色、揣
摩心思、提出对策。我常跟后辈搭档说，主持真不是人干
的，一边介绍来宾，一边讲述宣传重点，适度开玩笑，还要
引导话少的人或补充对方遗漏的内容，同时判读台下每个人
的情绪与反应，追加有意思的内容，撤换无意义的对话，得
到来宾与搭档的反应后，再决定接下来如何进行。从判断到
开口，只在一瞬间。

　　以我的经验来看，遇到尴尬话题，不回避，比较好。只
要现场艺人与媒体间关系不紧张，气氛就会好，记者回去落
笔写稿，也比较会手下留情。反之，好好的事，若因气氛搞
僵了，让众人带着怒气而归，你觉得，媒体会给出好的报导
内容吗？别说隔天报纸了，可能在脸书上就开骂了！

　　主持人的责任，就是让台上台下一家亲，尽力协调，放
低身段，媒合彼此，务求两情相悦，让最后的结果，即新闻
内容，友善又有料。当然，有时尴尬的话题在眼前，如果主

办方要求我完全不提，我一定照办，表示尊重。尽管媒体可能期待有点火花，但毕竟邀请我主持的业主才是主人，我必须尊重与配合。

站在战场第一线，主持人要承担所有责任，就算有时已尽了全力，希望让大家满意，也很难达到十全十美，难免受到波及，有理说不清。

有一次误会，发生在我和阿雅于深圳主持2015QQ音乐年度盛典的颁奖典礼上。当时林俊杰和蔡依林一起上台领奖并致词，蔡依林发言后，JJ接力，并点名台下的邓紫棋，然后我邀她一起合体演唱当时的对唱新歌《手心的蔷薇》。没想到这一来，却让一些Jolin的粉丝不开心，觉得我们冷落了天后，让她一个人默默走回后台，焦点都放在开心于舞台中央高歌的JJ与邓紫棋。

其实当时是这样，几秒间，JJ、邓紫棋与我们两位主持人分别从领奖区、台下、主持区往中间移动，只剩Jolin留在领奖区，当下，我一边行进，一边开口搞气氛，同时回身和她四目相对，她马上用手势暗示我"现在呢？"我则双手合十跟她示意"不好意思！"，并以手势引导她回后台，眼神及手势在数秒间快速沟通，完全没有遗忘Jolin，同时间，我丢了一句话交代与圆场："哎呀？Jolin已回后台啦？不然我

们可以合唱一曲《今天你要嫁给我》。"事实上，若把Jolin
留下来听歌，才是真的把她晾在一边吧？看转播的粉丝，受
限于导播的镜头，锁定即将合体的两位，自然无暇拍我们两
人的微妙互动，而没看到那些手势交流的画面。不过这样的
互动确实比较像私下指引，导播即使看到，也不会选用这个
画面播出。

好险，体育馆现场观众中，一定有人看到了这些小互
动；也好险，艺人间没疙瘩，况且，这样的合唱安排，是JJ
上台前，已由工作人员交代好的。粉丝护主，完全理解，但
这完全是误会。事后我给Jolin发信息，再度确认她的心情，
后来聊开了，甚至换了微信。2014年，《Play》专辑的几次
同台，都没让我们开始有私交，但这个小意外，反而让从她
出道开始就认识与多次合作的我们，有了更真实的互动。

主持人，不简单。被冤不算什么，台前幕后有什么差
错，成败功过都算在主持人头上。所以，每一次上台、每一
次演出，不论舞台大小，都要多点投入，事必躬亲，谨慎以
对。例如一定要重新过滤脚本，这是为了避免撰稿者忙中出
错，让台上的我也跟着念错，或多念了人名，而这种事，常
常发生。有时心有余而力也足，我会把稿子改成习惯的顺
序、逻辑或加入环节、提出建议，这也要感谢许多制作单位

或主办单位给我很大的发挥空间。

2015年第十届粉乐町展，也是最后一届，记者会内容包括新展品介绍影片与过去十年的贵人回娘家等等，内容既瞻前又得顾后，新旧交错，相当复杂，所以主办单位相当谨慎。由于已合作多次，对方很信任我，邀我大胆给予意见，并决定顺序、调度场面，最后甚至一起决定切蛋糕的方式，宾主尽欢。

但有时主办单位会坚持按他们要的流程进行，这时主持人自也责无旁贷，使命必达，只能加点调料味，适时加入些桥段，帮观众提提神。虽然感觉不对劲，但对方找我们上场，不也就是希望我们把清水变鸡汤吗？针对不同客户要以不同思路来应对，因为客户永远是对的。

有的主持人没有经验或阅历不够，看不出脚本结构或细节的问题，没有立即的判断力，或没有修改的筹码，只好照本宣科，结果不是闷到极点，就是错误百出。最后，客户或主办单位会怪主持人，怎么反而让气氛变得很闷。换作是你会怎么做？如同你问一个有天分的棒球投手，要怎么投才会更快？才会与众不同？其实各行各业各位置的答案都一样：勤加练习，多方学习，知己知彼。

有一次我在电台节目中，做第二十六届金曲奖特别贡献

奖陈扬的小特辑，制作人带来一份特刊，上头有陈扬老师的
资历，但这份官方印行的资料中，竟出现"刘文正《谁在眨
眼睛》（2002年）"这行字，我一看，就知道有错，因为刘
文正都三十多年没发片了，作品怎么可能延续到这个世纪？
但如果我不懂这些歌坛史，或是没有发现，不经大脑照着
念，不就贻笑大方，失去公信力了吗？到时，谁还会听我解
释？

主持人，手上总是一堆数据，除非是厂商的产品信息，
否则对事情的判断力，必须自己养成。我们要在上台前为自
己做最后把关，不要怪这当中任一流程的失误，这也有可能
是负责编撰的人太累，一时笔误；又或是年轻人，根本不知
刘文正是谁，无从判断年代，而误把手边查到的数据，直接
贴上。算了，怪东怪西有何补救意义？唯有把自身变强，自
己的脚本自己救。

上了舞台，什么状况都有可能发生，最怕的是主持人自
己慌了，其他人绝对也会跟着慌，台前台后乱成一团，全无
葬身之地。所以，力求镇定，见怪不怪，也是主持人必修的
功课。

前阵子主持礼客走秀活动，也是很经典的惊吓经验。那
次的主持手卡我还特地拍下来做纪念，因为它创下史上最密

密麻麻的恐怖修改纪录。

我和这家百货及秀导合作过很多次，默契十足，但每次走秀的名人，都不是我所熟悉的演艺明星，而是旅行社董事长、立委、连锁加盟协会理事长等达官显要。活动概念是，我先介绍嘉宾身份，并说明他穿搭的服装品牌与配件，于是到场后，我先和工作人员顺稿子，确认来的人有无变动、穿搭品牌是否有调整。

开场前五分钟，我瞥见秀导，我不太放心地过去打了招呼，顺便请他看一下手卡。没想到一对之下，吓坏了，因为名人与服装的组合，近八成都有改动，但没人通知我。眼看手上的出场顺序不对、时尚配件也换了、小孩也不走了，状况百出，专业的秀导立马帮我修订，我在卡上涂涂改改，连换一张空白新手卡的时间都没有，只能就近处理补写与改写。开场在即，要临危不乱，真不容易，一转身吸口气，上台主持随即开秀。我不能让观众看出刚刚的慌乱，因为别人找我们来，就是看重我们的经验与专业。

难为，但事在人为。我总不能出错后跟董事长撒娇说："名人都没按顺序来，手卡好乱喔！"多花一分钟确认无误，也多安心一分钟，带来更多的信任与机会。

享受锻炼
节奏至上

16

2015年12月23日，功夫电影《叶问3》在台北举行记者会，主持人黄子佼与主演甄子丹在台上互动。

站上舞台带给观众快乐与信息，是让我很有成就感的事。尤其是搞笑，不能只靠临场发挥，事前也需要完善的准备与精心设计，才能达到最佳效果。而笑话也有分烂哏与好哏，前者几乎随手达阵，后者有巧思却未必人人买单。但看似信手拈来，其实都得来不易。

我在念世新广播电视科（五专）时，广播界名人葛大卫，是我广播课的老师。他的教学相当严格，要求每周都要制作出一个节目作业，而每次的主题都不同。例如这个星期要制作亲子节目，下周则是政论节目，接下来是一出广播剧，也可能是古典乐介绍等等，不一而足。

　　制作节目期间，每个团队都必须在一周内，规划节目内容，并以不同的主持手法录音呈现。例如亲子节目的主持方式要有童趣，政论节目风格要严肃，广播剧则要编写剧本并全体用声音演出。每周交一集，压力真的不小，大家为了这门课绞尽脑汁，怨声载道，毕竟还有其他科目或个人事务不时耽搁课业。但我至今仍很感谢葛大卫老师，他的要求，让我得以在学生时期快速练习与成长。

　　通过这门课，我实际体会了以不同的表达方式，获得不同的效果，这门课也是我在世新记忆最深的实作课程。当时，葛大卫老师还鼓励我们参加校外广播比赛，我的团队，就在老师的支持下，以我最爱的唱片为主题，制作一段三十秒的陈淑桦《一生守候》专辑广告，夺下大奖，那张奖状，过了二十年，现在我还珍藏着。

　　走过谷底，无论哪一个舞台，我学会了好好把握、努力发光。各行各业都一样，高低潮接踵而来，但我告诉自己，每个位置都要做好，因为职业不分贵贱，舞台不分大小。

　　市府前跨年，几十万人潮，卖力是必然；后来接下新竹、基隆跨年，场面缩小许多，难道就可以敷衍？错！要用一样的力气，才不辜负重用我们的贵人。各行各业在社会中都有其不可或缺的重要性，不看轻自己，而要看清自己，才能坚守岗位，做一个最专业的螺丝钉。

在演艺事业发展不顺的那段时间，我做设计、也办公关活动。卸下明星光环的时候，从营销领域，学习如何沟通说服与商业竞争。我面对的企业厂商，并不会因为我的艺人身份，而在谈判上对我有什么特别待遇，而我告诉自己，不论身处何种领域，都没有尊卑问题，出发就是新人，甚至当我的工作室承办记者会时，我也不自己主持，而是找适任的人，以免被说话。

跨界，是学习的机会，我会正面迎接挑战，留下各种精彩回忆。当时，练习商业简报、开会表达方式和手势、学习过去没遇到过的开价谈判技巧，相当有趣。尽管这些技巧多与主持无关，但抱着全力以赴的态度，总是有收获，历练也多了。

此外，多年来我也积极参与许多幕后工作。例如担任导演、策划艺术展或设计案，以及电视制作，不同的领域有不同的语汇与沟通技巧，不同产业又有不同的专业术语，没有速成的诀窍，唯有养成搜集信息的习惯，加上练习，整合脑中的资料，才能呈现具有专业逻辑的丰富内容，并一而再、再而三地努力精进话术，才能获得认同与信任感。

我曾主持一场活动，脚本中出现"眷舍"两个字，当它出现在文章时，读者应该都能理解，但如果主持人一个没注意，照着脚本念，台下观众一定会有一大堆人不知我在念什么。眷舍？文字，和口语，不全然相通，开口后，会略有出入，当时我就把它改成了一个完整的词：眷村宿舍。当对方认真听你说话的时候，必须尽可能讲白话，以浅显易懂的方式让人理解。说话，就得让人听懂，不是吗？但是，有些字句，不但不白话，也不能改动。

有一次，我要介绍苏打绿的几首歌，约七到八首歌名，一字排开，超难背，该如何记忆？又要让台下观众不觉得繁杂、没组织，于是我将歌单重组，先讲两个字的、再到三个字的……就像KTV里歌本分类法，说起来有逻辑可循，听的人也能渐进吸收。虽然，不确定大家是否有发现（笑）？

相较之下，人生的舞台并无脚本可循，不可能照剧本念稿，每个人一定要尽情展现并与世界沟通，了解世界的运转方式，随着年纪、身份、场合，逐渐形成属于自己的方程式。所以，技巧反而是简单的，来自经验的长期累积，以及观察后内化的学习历程。但脑里的成分是浓是稀，要看是否能坚持长期吸收，料够了，才做得出好菜，融会贯通、随机应变，端出不同料理，进而找到最适合自己的组合方式与演算心法。

　　每个人都有独一无二的表达方式，就算是双胞胎，说话的神情、语调、肢体动作也一定有所差异，个性、背景、教育、学习，在我们人生的旅途上，影响巨大。

　　从小我是超级认真的电视儿童，看着大牌巨星的表演长大，为了模仿，还曾经仔细观察过许多前辈的演出模式与特色，没想到后来竟能和这些前辈搭档合作。主持前辈都堪称节奏达人，营造气氛的高手，比起后辈的乱枪打鸟、乱无章法，我更喜欢他们的方式。而每位大哥大和大姐大都具有独树一帜的特质，各有魅力与风格，值得学习，但无法复制。我自幼从这些名符其实的达人身上，偷学很多。

　　主持不像戏剧，可以慢慢酝酿，一来再来，它要求的是上台后，效果立竿见影。这几年，我努力锻炼节奏感，再幽默风趣的人，如果欠缺节奏，观众也来不及笑。

　　我年轻的时候，是属于容易冲过头的那一种类型，急着做效果，一分钟出现三个哏，但观众根本消化不了，也打乱了整体步调。所以，亦庄亦谐才是最高明的境界，不然，为何许多超好笑的综艺咖，一旦扛起主持棒，就变得不够有趣，或兵败如山倒呢？差别就在于，会搞笑不等于懂节奏。搞笑的表达方式天马行空，想到什么就说什么；主持则有其律动，忽快忽慢，能进可守。而以下这位，就是我所偷偷学习的大师：

　　和菲哥合作搭档《欢乐龙虎榜》期间，我观察他访问来宾的风格，有点像双人探戈的舞步，你前进一步、我倒退两步，彼此在动态中维持平衡。初期我在一旁很心急，这不是我习惯的步调，因为我喜欢快节奏地插入笑话，但因为没酝酿好，没人知道我下一秒要做什么，导致摄影师来不及拍，最后到了剪接室，可能在没有画面的情况下，虽然不难笑，但变成无影像的旁白，只有被剪掉的命。一分钟有三个哏，也没意义。

　　这几年，我慢慢懂得，节奏慢的菲哥，为什么花五分钟给三个哏就完胜。每次他都击出安打，甚至全垒打。大家都知道，菲哥的语助词、表情非常丰富，那是他在一步步地请君入瓮，带领大家，全神贯注进入他营造的世界，被拉着走，还有所期待。所以他用很多语助词："咦～噢～啊～喔……"让观众的情绪逐渐绕着他打转。观众其实是来享受，而不是被速度刺激的，他的"咦～噢～啊～喔……"就具备了循序渐进的引导作用，让观众慢慢就定位，而摄影师与导播，也因为这些语助词，知道他要出招开口了，镜头随即到位，入佳境时，哏才出动。从大哥身上，我领悟到：这不是反应过慢，而是准! 直接命中!

　　一味地输出，强迫别人接收，太一厢情愿。我着急的作风也在他的潜移默化之下，有了很大的改变。我明白了，慢下来，事缓则圆。永远投快速直球，不如变化球抢分。个性、背景、教育、学习，节奏的调配，真的很重要。记得留空间给观众、搭档、嘉宾。菲哥，对不起！当年我抢了好多话、破了很多哏、伤了很多节奏，您真是对我帮助很大的非官方老师啊！

　　如果你对说话这件事有兴趣，记得多观察学习，许多人都有值得效法的特色，欣赏优秀的主持人或演说家，学习他们的精华，努力累积自己的表达技巧和能力吧！简单说，当你吃遍一百家的平价或高档牛排之后，才可分辨优劣，自然能成为牛排专家，吸收各家精髓风格，浓缩出自己的心得与经验。如果只吃过十家，你敢开口分析牛排吗？人们会对你有认同感吗？舞台上那一支麦克风，你有种拿吗？

走过谷底，无论哪一个舞台，我学会了好好把握、努力发光。各行各业都一样，高低潮接踵而来，但我告诉自己，每个位置都要做好，因为职业不分贵贱，舞台不分大小。

◇◇◇◇◇◇◇◇◇◇◇◇◇◇◇◇◇

话语练习
永无止尽

17

我曾经发现我的某些主持搭档，因为对某领域不甚了解，加上无法在短时间内做好功课，在没有准备好的情况下，赶鸭子上架，让人捏把冷汗。在台上言语不同，无法沟通是很辛苦的，虽然不见得会穿帮，我也会尽全力来帮搭档弥补缺失，但由于身处同一个舞台就是共同体，就像连体婴，好坏都在一起，唯有秀出最好的一面才能双赢。就像人与人之间的相处，亲情、爱情、友情都需靠彼此间的共识，达到连结互补的功效。

一辆车只有一个司机（驾训班的车不算），也只能往一个方向开，正驾驶控制方向盘，副驾驶安稳跟随，两个人可以轮流开，但如果两人都想开，该怎么办？谁是主key谁是副key？尤其遇到不清楚路况的人，偏偏要主导，这辆车就注定了忽左忽右、飘忽不定。抢着出风头的人，不在乎整体表现，一心只想抢麦克风，也听不见别人说的话。这在团体作战时，是非常可怕的伙伴，发号施令的指挥官，只能有一个，不是吗？在各种领域与团体，若演变成多头马车，多半不会有好下场，一团和气、一心一意，才能打造团队精神。

主持人不只和受访来宾之间要建立互信基础，搭档之间更需要沟通与彼此信任。有一次主持尾牙，搭档不同调，舞台上气氛很僵，是一次惨痛的经验。

当我按着脚本提到公司历史时，搭档突然开始讲公司愿景，我一头雾水，但为了顾全大局，我也不一定非要坚持自己当主key，于是转换为绿叶模式配合她，顺着聊起愿景。没想到，随后她竟然回过头，将我刚才提过的历史，重讲一次，令人傻眼。该公司的演进史？台下的人，都是员工，比我们都懂，稍微带过即可，没必要重复讲两次，但为何会这样？很简单，刚刚我在说话时，她一心想拉走主导权，没认真听，一心等我说完，她就马上整碗捧走，没想到捧走后，她又绕回去了，等于曝露了刚刚的放空，其实，挺糗的。

这是很严重的状况，台下观众会发现主持人之间有问

题，心里会想："你们两人在干吗？绕来绕去？"太尴尬
了。设定好的精简话术，成了重复的废话连篇，流程当场拖
泥带水。搭档，应该相互扶持，却变成相互牵制与卡位，这
是很糟糕的组合。对我来说，不能聆听，就无法关照别人；
要自己说话，也得记得听别人说话。

　　遇到突发状况，就是挑战，操作的原则是淡定、观察、
再处理。保持冷静、临危不乱、千万不能慌，更需要的是将
失控的状况拉回正轨。此外，主持人的任务是代表主办单位
招待宾客，要很清楚地传递主题与诉求，成功让众人接收到
讯息且让宾主尽欢。

　　如果这是一场粉丝见面会，我会尽情歌颂偶像，让台上
台下都开心。歌迷也一定会配合，共同营造欢乐气氛，并适
时加点感性、温暖的话，引导观众的疼惜及依依不舍，皆大
欢喜。偶像不是不能调侃，但要适可而止，不能太过。但若
是其他舞台，就不能拼命歌颂，毕竟台下不全然是铁粉，必
须适时刺激一下大家的耳朵，制造矛盾。

　　各种场合都有不同的目的与诉求，幽默风趣或稳重知
性，任君挑选，但仍需以主办单位想要的效果为主。在较严
肃正式的场合，或现场高官云集时，不能太轻佻嬉闹；适合
欢乐逗趣的场合，就尽可能用诙谐的方式进行；若主办单位

要求走高雅理性的路线，那就在端庄稳重的氛围中，想办法让场面不至于无趣。

不能搞错比重，若嬉闹部分超过客户想传达的想法，或一味给观众洗脑，变成老王卖瓜，都会造成反效果。从老板脸色到观众反应，仔细观察，是很关键的步骤。每一次都要对症下药，以完成任务为前提，置个人风光于度外。

年轻人进入了社会，一定有很多面试机会，建议大家在表达自己时，谈吐自然大方即可。记得，先听懂对方的问题再回答，不急不徐不冒进，但也不能一招半式走天下，有时适时展现自己轻松的一面，并非乱开玩笑，而是展现你的聪慧与柔软；有时则要秀出专业知性的一面，兼容并蓄。

演艺圈的许多新人都有迷思，觉得主持人一定要好笑，甚至过于执着搞笑经营。但不论你是不是主持人，都不可能永远好笑，能够平稳平顺完成发言任务，就是功德一件。

好友郭静是位优秀的歌手，主持节目也有不少经验，很卖力。她常受邀来《全球中文音乐榜上榜》担任嘉宾主持，有一次我有事请假，她必须一个人独挑大梁，结果事后，看她在脸书上贴文，表示对自己的表现感到懊恼。我觉得很愧疚，不忍让她一个人扛，于是上网看回放，发现她表现得很好，稳定大器。日后再碰面时，我聊起此事，她说，不满意自己说话太平，不够好笑。其实郭静按部就班、条理分明，已经不可多得。比起硬要搞笑而不好笑，或玩笑开过头的主持人，带着诚意且干净清爽型的主持人，反而能走得更长久。

我最喜欢亦庄亦谐这四个字，也希望每一次的舞台表现都能达到这个标准。这是一个很酷的境界，因为光是会讲笑话是不够的，我也不满足于此。要努力在欢笑中带出温暖、感性与理性，把故事讲出神韵，或把客户交代的宣传事宜清楚传递告知，才是完美的。一味追求好笑，很容易变成谐星，最后，或许换来掌声，但谐星的命运就是好笑，上不了正经严肃的大场面。例如把激励人心的话交给他们阐述，会不会词穷？虽然把欢乐带给别人是件荣幸的事，但整体来说，发展之路也较受限。好笑的人很多，但容易被看轻低估，毕竟，普遍来说，社会总是比较尊重那些没那么好笑，却专业、励志、温暖、亲和，能够启发他人且言之有物的人。

我满足于搞笑逗乐大家，当台下一片笑声时，我觉得很爽，也是我的成就感来源之一。但当中仍要带给大家不同的能量，该交代的事，清楚传达，专业术语也要说上几句，偶尔还要有个人观点与全盘分析，而不是无止境的哏与笑话。

做节目时也是，该搞笑时我没在客气，但在电台聊音乐，或在《创艺多脑河》节目访谈聊创业时，我的搞笑因子就会暂时休兵。好笑不好笑，其实有多重标准，见仁见智，但说话有魅力、内容与公信力，大家愿意听，也愿意相信，则是单一标准，放诸四海皆准，多令人向往啊！所以，我一路多元发展，珍惜他人给的机会，也创造更多机会。乐在搞笑，但不安于现状。

我并不是天生说话就字正腔圆或富有磁性的人。入行不久后，小燕姐提醒我咬字口齿不清，原来我的发音位置不对，当时还不觉得有什么大不了，但刚好学校里有正音课，老师发音清晰漂亮，着实让我开了眼界。后来主持广播节目时，透过耳机仔细听自己的声音，果真发现自己的咬字与发音并不好听，于是慢慢自我修正改善。直到现在，这么多年来，一天说了再多话，也不曾倒嗓，可以顺利完成各种使命，不耽误进度。

二十多年前和我一起合作演短剧的同辈，常有倒嗓或喉咙长茧的问题，但如果发音位置对了，再疲劳的发言呐喊，也不会对喉咙造成损伤。至于哪里才是对的位置与悦耳声音呢？就像我戴上耳机，通过听自己广播主持那样来修正自己，你也可以把自己说的话录下来，大声小声都说说看，然后戴上耳机，听听，是否有岔音？是否有咬字问题？是否尖锐刺耳？是否中气不足？是否没磁性？是否是最好听的音域？讲话时，喉咙摩擦大不大？是否一大声吼就走音？

做了二十多年的广播，日以继夜的累积，帮助很大，因为广播不如电视般有表情辅助，所有吸引人的元素，并非来自长腿或帅脸，音乐、说话、音效，都要迷人，才能过关。此外，加强说话的组织与应对，增进听与说的互动访谈力，十分必要。只说不听，不够；听了，却不知如何搭腔，也不行。至于音质，更是天生，如果音质不够圆润好听，无法像播音员及配音员那样有磁性，就更需通过正确发音位置，控制力道轻重，靠抑扬顿挫来弥补，让说话更具说服力与吸引力。

有些事要听，有些可以不听。例如很多人形容娱乐圈是八卦圈，我不否认，圈内的八卦不少，报章也乐于报导，流传速度惊人。但我的态度是，非关公众事务、没涉及法律问题或安全疑虑的，我宁愿闭目养神，图个耳根清静。不好奇，不主动，不散播。我常问朋友，负面、关于私德的八卦，有证据吗？有人目击吗？你在现场吗？你是当事人吗？有影响到你吗？伤天害理吗？多数人马上哑口无言。

既是道听途说，又没有杀人放火、卖国灭族，就忘了吧，传递这些窃窃私语的意义是什么？何须人云亦云、助纣为虐。把分秒时间美好人生，花在八卦上，值得吗？然后，慢慢地，喜欢讨论八卦的人远离了我，我也远离了八卦，随后聚集而来的，都是术业有专攻的人，会引导你思考的益友，会让你获益良多。

我也鼓励大家别只和同辈交流，多和不同领域、年纪、资历的人交朋友，和老或少都交手，吸收丰富的知识和常识，才能怀旧但不退流行，温故知新，喜新也恋旧。

和前辈或长辈相处时，不只是吸收经验，更可得到性格磨炼。和同辈一言不和，可能会吵架，甚至拍桌子走人，根本没耐性听同辈的想法；但若是遇到长辈或前辈，必须收敛脾气和情绪，或许当下无法认同，但至少得将对方的话听完，回去后慢慢消化、思考、理解，这就是修炼。之后回到同辈之间，你会更懂得人情世故与进退得宜，这样多好？所以，不要只和同辈往来，后辈与长辈的话，都可能让你脑力加倍。

人脉人缘
随时串联

18

◇◇◇◇◇
2005年8月2日，黄子佼的潮店
开业，他的好友张善为、罗志
祥、陈柏霖前来捧场。

这几年，无论脸书或现实生活，我的
朋友中，有很多不是艺人，也不是娱乐圈
人士。对于累积人脉这件事，我从不刻意
经营，就像我做很多活动，也跟很多大老
板有数面之缘，但我不因此攀附权贵。交
朋友要随缘，顺其自然，不强求，相信努
力付出一定有人看见，辛勤耕耘，就会拥
有好的人脉。

有位常在新闻台露脸的3C达人Tim，
在电视上亮相的频率相当高。有一次我和
他出国到日本京都旅游，台湾旅客没发现
我，竟先认出他，或许我出去玩时总是蓬
头垢面，不好认。但他不像艺人，台上

台下没啥差异，一下子就被观众认出来了，显见他已小小成名，而我与有荣焉。而Tim，就是我因缘际会随缘结交的益友，而且是路边捡到的。

多年前去香港参观玩具品牌展，当我和熟悉的香港老板打招呼时，旁边一对男女，他们也来自台湾，认出我是谁，随即开口递上名片，开始交流有关公仔的话题，其中一位就是Tim。他和他的老板，当时也想认识这位老板，所以趁我聊天时凑上来，寻求帮助。我基于同乡的礼貌，顺水推舟地帮忙拉拢彼此，后来还一起参观该公司办公室。仔细想想，我也太随便了吧？但投缘了，一切就自然发生了。

后来他们开始合作公仔生意，也成为好朋友，而我和Tim因为有相同节奏，交情越来越好。但当时的他，对3C还没有特殊的观察，而是以公仔生意为主轴，可是我发现他挺宅的，对3C事物有兴趣也有天分。直到3C产业突飞猛进，民生电子议题需求大增，我决定在电台开个"3C有意思"单元，于是邀请他上电台，以独特的素人说话方式与表现，担任我的客座DJ。自此之后，他很用心经营3C常识与信息，迅速累积自身的专业常识，发展成领域中的达人。重要手机等产品发表会时，他还会被要求受访，深受媒体欢迎，闯出一片天，成为名嘴，上的都是收视率高的重点新闻或谈话性节目，曝光率不输我，真替他高兴。

我们一直是没有生意往来的莫逆之交，更重要的是，他借着飞碟电台这个平台，加上自己的努力付出，开展了个人与公司的3C产品事业。当公仔潮流开始走下坡路，他知道自己必须改变，这一点，是当年在香港偶遇时，谁都想不到的。

人以群分，我们都是信息狂，也乐在吸收与付出，吐纳间相互较劲，一起成长，非常过瘾。这让我体会到一件事，别小看电台媒体，虽已不复当年风光，但他竟然就此被电视圈相中，也让我间接养成了一个名人。而他自己也累积了超级好人缘，随传随到随受访，千奇百怪难不倒。重点是，他拼了，爱犬如公关般帮忙社交，办公室或家里客厅，也常变身迷你摄影棚，媒体进进出出，难怪口碑佳，大家都捧他。

金杯银杯不如好口碑，做好该做的事，时时刻刻不松懈，就是帮自己累积人脉存折。

前阵子主持国泰世华与亚洲万里通联名卡记者会，碰到一位长官，就是她先前看到我在小巨蛋主持"摩根三十，用心之夜"，觉得我表现很好，于是大力推荐我主持这场记者会。

记者会结束后，我照例在脸书上贴上工作记录，突然看到一位TVBS团队负责网络营销的同仁留言："你主持得很好，大家都称赞！"我问："你在现场？"她说："去见习记者会怎么举办！"原来，她的母亲是国泰世华员工，所以她跑去参观。我不以为意，就结束话题了。后来某日，我再度和该位TVBS同事聊天，才知道，原来她的母亲，就是那位身居要职的副总，我当时心想，天啊！还好我用心主持摩根的活动，副总才会在公司推荐我，但如果我在TVBS主持节目时耍大牌、不敬业，让她女儿一路看在眼里，或许女儿会出手阻止妈妈的决定。想到这里，我不禁再次提醒自己，任何时候都要战战兢兢，尽力把事做好，这样才可能拓展各种优质人脉。不要处处得罪人，最后串联起来，成为负面的人脉蜘蛛网。

母女在不同公司，都能和我有所连结，最后都对我肯定有加，这事，你无论如何都想不到吧？可见在任何角落都不能松懈，无论好坏都有人在看；更不要因看的人分量小而有所轻视，因为人际网络都有交集，是否能串成完美的圆，就看你平常每分每秒的做人处事。

维持开放的心，尊重与学习专业，与人相处皆以和为贵，才能广结善缘。不用抱着企图心与目的性，自己是哪种人，就会吸引哪种人，如果被视为夜店咖或玩咖，大部分靠拢来的很可能都是酒肉朋友。物以类聚，人以群分，志同道合的伙伴就会聚首。

我特别欣赏积极正面、对工作有热情，懂得与时俱进且在职进修的人，这样的人会产生正向能量，和他们相处也轻松愉快，容易擦出更多的火花。我也喜欢脑袋动得比我快、讲话比我精彩、笑话比我好笑或嘴巴比我贱的人，这让我有较劲的感觉，相处同时刺激脑袋运作，很爽。

走到中年，我发现，每隔一阵子，就会换一批朋友，有的是年轻时一起熬夜打保龄球打麻将的、有的是事业低潮时一起疯唱KTV的，不一定是工作上认识的对象。这些朋友，有时会淡出我的生活圈，展开其他生活，又或是随着结婚生子、远渡重洋念书，或因情侣分手让我不得不靠边站，来来去去。年轻时，我会因此感伤，天天见面的朋友，最后却各奔东西。但慢慢我体会到，老天自有安排，潮来潮往，都是缘分。而不论是哪一类朋友，"友直、友谅、友多闻"，能一起享乐，很好，但更可以增长见闻、彼此茁壮成长，才是我要的。

我有一个朋友，是建设公司的老板。2015年，我接到的尾牙场次破了例年纪录，我怀着感恩的心在脸书上谢谢大家照顾，随即接到了一位媒体前辈的电话，她问我有没有机会帮忙推盲人歌手李炳辉一把，因为他一场尾牙都没有，生活陷入了困境。而尾牙企划的流程，一般是这样的：如果主持人已经敲定，多数的演出艺人，也该全部敲定了。虽然我当时一口答应帮忙，但心里却担心已经太迟。

当晚，我人在大陆，想起一位曾邀我主持尾牙的公司老板，是可以直接说上话的人，而且这位少东家，自己负责尾牙晚会企划，没有通过公关公司，他说了算。于是我半夜用微信联络他，询问是否有可能追加李炳辉的演出，没料到，对方回了，二话不说马上答应。我当时很振奋，于是建议李炳辉的酬劳就从我的主持费里扣，心想晚会的预算应该都花光了吧。没料到，他不肯，坚持自己出，他是桃大机构刘腾骏先生。

我没有太多老板级的朋友，因为我接触的，多是承接活动的公关公司，即使拿到老板们的名片，也不敢造次越级联络。我也很少应酬，活动结束后不太会和老板进一步互动，毕竟与名流身处于不同世界。但桃大刘先生很特别，他比我小几岁，是一名艺术爱好者与收藏家。他热衷于推广艺术，并在桃园出版本土杂志推广生活美学，和一般老板级的人很不一样。我们第一次合作尾牙之后，接下来，他也固定找我，我们还在脸书上互动，有一次，更相约吃饭聊天，交换微信，从脸书朋友，变成真朋友。我们爱聊艺术，但他也会问我对尾牙主秀艺人的意见，如某某会不会很贵、效果如何等等，对我来说是举手之劳，但真没想到，在重要时刻，他愿意给李炳辉一个舞台，让我很感动。毕竟，我的力量有限，很难要求每一场的主办单位都让我另外推荐一位歌手上台。

这场活动抛砖引玉，后来透过媒体报导，包括汽车公司等企业尾牙，都会主动联络我，也让李炳辉多了好几场的演出。这个社会还是充满温情的，感谢当时所有人的声援，而这件事，是我顺手在脸书贴感谢文之后，意外串联起来的，所以，社群网站的强大正面功能，也值得记上一笔。

最后，我想说，我不是圣人，我会犯错，但世上谁是圣人呢？其实，谁都可能会犯错。没关系，只要愿意，都可以继续努力，一起做更好的人！共勉之。

我特别欣赏积极正面、对工作有热情，懂得与时俱进且在职进修的人，这样的人会产生正向能量，和他们相处也轻松愉快，容易擦出更多的火花。

◇◇◇◇◇◇◇◇◇◇◇◇◇◇◇◇◇◇◇◇◇◇